不奋斗 还要青春干什么

魏文涛 著

SPM 南方出版传媒 广东人民出版社
·广州·

图书在版编目（CIP）数据

不奋斗，还要青春干什么/魏文涛 著. —广州:广东人民出版社，2017. 7
（2017.11重印）
ISBN 978-7-218-11871-1

Ⅰ.①不… Ⅱ.①魏… Ⅲ.①成功心理—通俗读物 Ⅳ.①B848. 4-49

中国版本图书馆CIP数据核字（2017）第119668号

Bu fen dou hai yao qing chun gan shen me
不 奋 斗 ， 还 要 青 春 干 什 么
魏文涛　著

出 版 人：肖风华

责任编辑：梁　茵　王湘庭
内文设计：友间文化
责任技编：周　杰

出版发行：广东人民出版社
地　　址：广州市大沙头四马路10号（邮政编码：510102）
电　　话：（020）83798714（总编室）
传　　真：（020）83780199
网　　址：http://www. gdpph. com
印　　刷：珠海市鹏腾宇印务有限公司
开　　本：787毫米×1194毫米　1/16
印　　张：16.5　　　字　　数：150千
版　　次：2017年7月第1版　2017年11月第2次印刷
定　　价：39.80元

如发现印装质量问题，影响阅读，请与出版社（020-83795749）联系调换。
售书热线：020-83795240

序

点燃青春的火炬

刘亚洲

青年兴则国兴，青年强则国强。党的十八大以来，以习近平同志为核心的党中央，以巨大的理论勇气和高超的政治智慧，把握时代和实践的新要求，把握人民群众的新期待，提出并实施了一系列治国理政的新理念、新思想、新战略，带领全党全军全国各族人民，不断开创中国特色社会主义事业新局面。同时，为广大青年拼搏奋斗、建功立业提供了前所未有的广阔舞台。习总书记指出："人的一生只有一次青春，现在，青春是用来奋斗的；将来，青春是用来回忆的。"无数人生成功的事实表明，青年时代，选择奋斗就选择了成长，选择吃苦就选择了收获，选择奉献就选择了高尚。

当今世界正发生着深刻复杂的变化。信息时代，各种思潮相互激荡。面对纷繁多变、鱼龙混杂的社会现象，在学业、情感、职业选择等方面的考量面前，年青一代难免会产生迷茫、彷徨、失落，他们必将经受属于自己的思索和追寻。魏文涛结合自己的切身体会和领悟，对青年阶段可能遇到的种种困惑，进行了深入的思考和探索，鲜明地提出“不奋斗，还要青春干什么”这一青春命题，非常契合当代青年人普遍存在的思想境况，这犹如一支清醒剂，拨云见日；犹如一剂强心针，催人奋进。

在本书中，作者以真诚的态度、坦荡的胸怀、平实的语言，娓娓讲述了自己对于青春、梦想、成长、奋斗、事业、生活诸方面的体会和感悟。如何保持乐观向上的精神状态，如何保持百折不挠的进取意志，如何保持面对挫折与困难的正确态度，作者从多个角度和层次阐释了奋斗的重要性，通篇都紧扣青春与奋斗的主题。全书夹述夹议，事例翔实，蕴含着丰富的人生哲思。

文涛同志从一名普通的农家子弟成长为师职领导干部，曾荣获“中国武警十大忠诚卫士”“全军践行当代革命军人核心价值观十大新闻人物”“全军学习成才标兵”“全军爱军精武标兵”等多项殊荣。他靠的就是一种非凡的气魄、坚忍不拔的毅力、大无畏的奋斗精神。他的成长经历再次证明：青年是整个社会力量中最积极、最有生气的群体。青年人朝气蓬勃，思维敏捷，学习能力强，最少陈旧观念，最具创造活力，勇于通过个人奋斗改变现实，以趋向理想、实现价值。

希望我们的青年读者能从本书中汲取养分，珍惜韶华，奋发有为，在不懈奋斗中，创造人生的精彩，为实现中华民族伟大复兴的中国梦，贡献青春的激情和力量。

全书凝聚着文涛同志30余年军旅生活的感悟体验，也是他个人不懈奋斗的真实写照。文涛请我为他的《不奋斗，还要青春干什么》文集作序，读罢此书，感到主题聚焦，思想深刻，通篇传递着正能量，给人许多启迪，因此我十分乐意向读者推荐这本书。

2017年4月13日

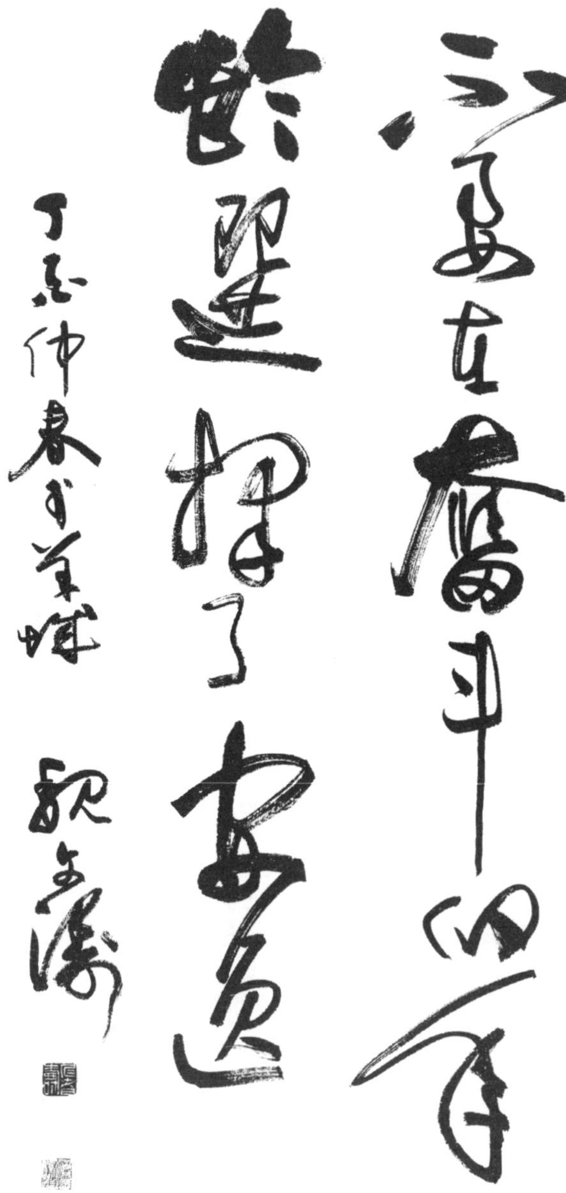

目录

CONTENTS

第一章　不要在该奋斗的年龄选择安逸

第二章　世上所有的坚持，都是出于热爱

第三章　趁年轻，别把愿望等成了遗憾

人活着不是靠泪水博得同情，

而是靠汗水赢得掌声。

一无所有就是拼的理由，

没有伞的孩子必须努力奔跑。

1 CHAPTER

第一章

不要在该奋斗的年龄选择安逸

一个人，不怕将来后悔做过什么，怕的是后悔没做什么。任何时候都可以开始做想做的事，不要用年龄和其他东西去束缚自己。

被窝里的温度远不如未来的收获温暖，不要在青春年少的时光里荒废了自己，更不要在该奋斗的年龄选择了安逸。

不要在该奋斗的年龄选择了安逸

一个人，在该奋斗的年龄，不要选择了安逸。安逸的人生，谁不想拥有？只是这种安逸应该是经历奔波岁月后，内心的愉悦和富足。它不是年轻时逃避艰辛的理由，它无关享受、无关迷茫，而是内心对未知世界的渴望。

一个人，不怕将来后悔做过什么，怕的是后悔没做什么。什么年龄段，做什么事。在还能做梦的年龄，请不要轻易选择妥协。被窝里的温度远不如未来的收获温暖，所以不能贪图一时的安逸。

生活里没有“容易”二字。可能一时犯了懒，觉得舒服惬意，久了你就会发现，偷懒只会让你越来越累；也许你此刻怕麻烦，不愿走出舒适区，等到麻烦找上门来，你只能手忙脚乱。多一些当下的付出，将来就会少很多无谓的麻烦。

青春最值得的回忆，正是追逐梦想、成长奋斗的痕迹。平庸还是出众，往往根源于我们自己的选择。想要舒适安逸，我们总会有无数理由说服自己安于现状；想要变得更好，我们同样也会想出无数办法应对暂时的困难。关键的，不过是你愿不愿意做出改变。许多人在选择职业或创业时，往往考虑的首要因素就是，稳定的收入和安稳舒适的生活。有些人总说，我还小我还年轻。正是因为你小你年轻，所以你更要奋斗，难道你想等到老了才奋斗吗？那不是应证了“少壮不努力，老大徒伤悲吗”？

船停在码头是最安全的，但那不是造船的目的；人待在家里是最舒服的，但那不是人生的追求。华为的创始人任正非说过这样一句话：“很多人问我，来公司工作有没有双休？需不需要加班？我笑而不语，客气地请他们离开了公司。”欲求安逸，为何还要出来工作？直接窝在家里不就七休了吗？其实，一个人混一天和努力一天，看不出任何差别，三天看不出任何变化，七天也看不到任何距离。但是一个月后会看到话题不同，三个月后会看到气场不同，半年后会看到距离不同，一年后会看到人生道路不同。人，如果不趁年轻多努力，你有青春又何为？都说年轻就是资本，我想补充的是，只有奋斗，你的资本才有价值；只有拼命，你的年轻才值得炫耀。

奋斗抒写无悔青春，人在一生中能走多远，大多数取决于青春时的奋斗。奋斗一旦萌发就坚持不懈，无论能不能成功，始终是一种激励。青春无悔该是我们每个人的追求，我们只有把握好青春的每一天，在激流中涌进，不断奋起，我们才可以骄傲地说：我的青春是无悔的。

人的一生只有一次青春，请珍惜这短暂的青春之旅。旅途的过程也许很曲折、也许很艰辛，但一路的风景却依然美好。青春是一座富有的宝藏，常常有许多意想不到的小惊喜，关键看你如何去开采、挖掘和利用。有些人成功地取得了让人望尘莫及的荣耀，只因为他是一个懂得把握青春而坚持奋斗的人，他的一切经得起岁月的推敲，他拥有了无悔的青春。然而，生活中有些人遵循着一种从众的生活态度，别人学习他也学习，别人工作他也工作，别人娱乐他也娱乐；随波逐流，盲目从众，却在日复一日的时光中丢失了真正的自己。

如果老天善待你，给了你优越的生活，请不要收敛自己的斗志；如果老天对你百般设障，更不要磨灭对自己的信心和向前奋斗的勇气。能干的人从不在情绪上计较，只在做事上认真；无能的人不在做事上认真，只在情绪上计较。任何时候都可以开始做想做的事，不要用年龄和其他东西去束缚自己。当你想要放弃的时候，一定要想想那些睡得比你晚、起得比你早、跑得比你卖力、天赋比你还高的牛人，他们早已在晨光中跑向那个你永远只能眺望的远方。生活中的安全感是自己给的，不要辜负最好的年纪。要成为更好的自己。

不是每个人天生就能成为自己想要的样子，但每个人，都可以通过奋斗成为自己想要的样子。没有谁比谁更容易，你羡慕别人此刻的风光，却没看到他在背后流过的汗水和泪水；你羡慕别人当下的安逸，却不知道他为此付出了多少不眠不休的夜晚。相信自己，你能作茧自缚，就能破茧成蝶。

千淘万漉虽辛苦，吹尽狂沙始到金。我愿意和梦想携手，永不离去。于是我开始理解那一句青春何为，不仅是少年时候的无忧无虑，更是坚信、坚持、坚守的重量。青春因奋斗而精彩，有了奋斗，青春才会飞扬；有了拼搏，青春才会美丽。青春不言败，因为这是青春的一种赞礼，对青春的一种放歌。

在生命力最旺盛的日子里，就该像爬山虎一样，向着心中的梦想不断向上攀缘，把青春的绿色铺满征途。能奋斗的时候，用尽全力；能改变的时候，竭尽所能，这是对自己负责。狼从不抱怨，从不悲伤，只知道自己想要什么。他们不知道什么是失败，只知道一次又一次地全力以赴。他们坚强，从不放弃自己的使命。他们的生存之道，就是集中注意力，放在自己的目标上。从来没有多余的时间，去期待命运能给他们什么珍馐。他们就是一往无前地盯住自己想要的，从来不会把生命浪费在迷惘上。只要一息尚存，他们就会为了自己的生存而努力奋斗。如果你的人生还有一次翻身的机会，那就一定要用尽全力。

即使已经一败涂地，你仍然要坚持奋斗。从今天起要奋斗，即使看不到希望，也要相信自己。奋斗并不是为了明天得到多大的荣耀，而是为了让今天的自己有价值。工作遇到挫折，你退缩，说难；生活遇到困难，你抱怨，说苦。总怨天尤人，唉声叹气，不过是成全别人的成就，悲观了自己的路。其实你现在在哪里，并不重要。只要有一颗永远向上的心，你终究会找到那个属于你的方向。即使今天不如意，但你还年轻，唯有坚持不懈地奋斗才能到达你想去的地方。

没有一代的青春是容易的，请不要在最能吃苦的年纪选择安逸。生命里，真正让你难以忘怀并身怀感恩的，是奋斗路上的苦楚和风雨，以及最初那个不顾一切清醒和勇敢的自己。

不要在青春年少的时光里荒废了自己，更不要在该奋斗的年龄选择了安逸。

目标就是远方的山，眼前的路。没有目标，你就失去了奔跑的方向；没有目标，你就失去了精神的信仰。一个人，只有先有目标而行动的时候，才不会被各种条件所束缚。当你设定好目标时，也就是你成功的开始；当你为目标而不懈努力时，剩下的就只有方法和成功。心中有了大目标，千斤重担都能挑，心中若无大目标，一根稻草压弯腰。

有目标的人生绘蓝图，没目标的人生玩拼图

人活着，不能没有目标。目标是一座灯塔，照亮人生前进的航程。生活因为有了目标而精彩，日子因为有了目标而

快乐。一个人，只有先有目标而后行动的时候，才不会被各种条件所束缚，以及被各种现象所迷惑。我们最大的悲哀，是不知道路在何方，看不到前面的希望；我们最坏的习惯，是苟安于当下生活，不知道明天的方向。如果没有恒定的目标，人就会像漂在海上的船，任何方向的风都是逆风；就会像脱缰的野马，漫无目的地四处奔跑。

人生最可怕的状态就是没有明确的目标，什么是目标？目标就是远方的山、眼前的路。能够为之牺牲一切的目标，就是人生的终极目标。如果没有目标，你就失去了精神的信仰；没有目标，你就失去了奔跑的方向。一个人的目标是从梦想开始的，一个人的幸福是从心态上把握的，一个人的成功则是在奋斗中实现的。没有目标的人生是很可怕的，遇到苦难，你会退缩；遇到压力，你会徘徊不前；遇到挫折，你会灰心丧气。有了明确的目标，你就不会惧怕困难，就不会害怕失败，并甘愿为之作出更大的努力和牺牲。

有了目标，你才不会因走得太远而忘记为什么出发，人生的旅程才不至于寂寥。如果每天都向着一个目标前进，哪还有时间颓废悲观？如果每天都离目标更近一步，沧海桑田也只是转瞬之间。既然选择了远方，便请风雨兼程。

世界这么大，有人在奔跑，有人怕摔倒，路上坎坷一样，不一样的是，奔跑的人心里只有目标，怕摔倒的人总是盯着路上的荆棘。最终的结果，奔跑的人到达终点，怕摔倒的人遗憾终生。有目标的人，走得再慢，也是进步；徘徊纠结的人，心里再急，也是徒劳枉然。不管你的人生目标是什么，你都要把握正确的方向，坚守自己的初心。成功者常改变方法，不改变目标；失败者常改变目标，不改变方法。人生是长跑，方向比速度重要。要想在空中飞翔，不能缺少翅膀，要想人生辉煌，必须坚定方向。只要认准了一条道，就要迈开步子走下去，途中可能有坎坷，只要不畏惧，最终你一定能够抵达目标。人生重要的不是所站的位置，而是所朝的方向，人只要不迷失方向，就不会失去自己。如果错了方向，停止就是理智。方向不对，努力白费，只要方向是对的，就不怕山高路远。看准了一件事，撸起袖子加油干，过程中或许有困难，也许很艰辛，但只要你有勇气克服，最终就一定可以如愿以偿。然而，总是犹豫不敢开始，目标肯定无法实现，远方更是与你无缘。

美国耶鲁大学进行过一次跨度20年的跟踪调查。最早，这个大学的研究人员对参加调查的学生们提了一个问题：你们有目标吗？90%的学生回答说：有。研究人员又问：如果你们有了目标，那么，是否把它写下来呢？这时，只有4%的学生回答说：写下来了。20年后，耶鲁大学的研究人员跟踪当年参加调查的学生们。结果惊人地发现，那些有目标并且用白纸黑字写下来的学生，无论是事业发展还是生活水平，都远远超过了另外没有这样做的学生。他们创造的价值超过余下的96%的学生的总和。那么，那96%的学生今天在干什么呢？研究人员调查发现，这些人忙忙碌碌，一辈子都在直接或间接地帮助那4%的人在实现他们的目标。

有目标的人生绘蓝图，因为有了前进的方向；没有目标的人生玩拼图，因为没有追求的动力。有目标的人生叫航行，因为有了清晰的坐标；没有目标的人生叫漂泊，因为灵魂在四处游荡。有目标的人在奔跑，没有目标的人在流浪，因为不知道要去哪里；有目标的人在感恩，没有目标的人在抱怨，因为觉得全世界都亏欠了他；有目标的人睡不着，没有目标的人睡不醒，因为不知道醒来后去干吗。生命只有走出来的精彩，没有等出来的辉煌。没有拼搏过的人生终究苍白，朝着目标坚持做好每一件事，我们终会有资格去选择自己想要的人生。

生命是美好的，也是残酷的，不要因为一时困难就放弃了自己的目标，也不要因为一时的挫折就荒废了自己的宝贵时光。没有经历过痛苦的人，内心不会强大；没有流过泪水的人，意志不会坚强。当你设定好目标时，也就是成功的开始；当你为目标而不懈努力时，剩下的就只有方法和成功。成功不是因为有机遇，而是因为有方法。想干的人永远在找方法，不想干的人永远在找借口。

成功就是从你决定去做的那一刻起，持续累积而形成的。人间正道是沧桑，只要山上有灯，灯下有人，就一定有上山的路。如果你还想向前奔跑，请不要停下脚步。如果世界能因为你的努力而精彩一点，请不要无所事事，碌碌无为。不要选择容易的，而要选择值得的，宁可在正确的路上摔得头破血流，也不要在错误的路上箭步如飞。正确的路不是不允许摔跤，而是即使摔倒了也是倒在目标的路上。如果我们不设定目标，也不为自己的目标而奋斗，那么真正属于自己的时光也就不多了。

生活就是这样，只要你选对了路，一切都为时未晚。每个人，只有在做自己想做也能做好的时候，才最能实现自己的人生价值。你的心态会支持着你前行的步伐，你的格局会意味着你成就多大的规模，你的毅力会支撑你能够走多远。人生的意义不在于你的起点，重要的是能否坚持自己的目标。当我们还是只猫的时候，记得我们的目标是想成为猛虎；当我们成为猛虎的时候，别忘了我们曾经是只猫。不要轻看别人，也不要高估自己。只有坚定目标，脚踏实地，不好高骛远，道路再曲折，也通向远方。

多数时光里，我们不是在羡慕别人的生活，就是在克隆别人的生活，追求别人那样的生活，往往成了我们多数人的目标。然而目标的取舍，是根据梦想而言的，很多人都可以有不同的取舍，只要他们知道自己在追求什么，按照自己的目标去取舍，也能实现自己的意愿。没必要所有人都去做同一件事，也不是所有人都适合做同一件事。任何人，只要找准自己的目标，并沿着正确的轨迹去前行，终究会开拓属于自己的那片天空。

这个世界不是有钱人的世界，也不是有权人的世界，而是有思想的人的世界。思想一旦确立，灵感就会闪现；灵感一旦闪现，动力就会无限；动力一旦无限，未来并不遥远。一心向着自己目标前进的人，所有的阻碍都会给他让路。心中有了大目标，千斤重担都能挑；心中若无大目标，一根稻草压弯腰。

世界上没有走不通的路，只有想不通的人。人生就像登山，很多时候遥看目标，似乎高不可攀。其实，每向前一步，我们也就距离目标更近一步。每个人不管怎么平凡，只要你真诚地付出努力，就能达到比想象更高的高度。喷泉之所以漂亮，是因为有了压力；瀑布之所以壮观，是因为没有了退路；水之所以能穿石，是因为有了目标而持之以恒。人生没有爬不过的山，重要的是行动，认准目标之后，便脚踏实地向前，每一步都是人生的高度。

不管前方的路有多苦，只要朝着正确的方向走，哪怕前路崎岖不平，都比站在原地更接近目标。记住，害怕失败，就是拒绝成功，不是我想要成功，而是我一定要成功，一定能够成功。积极行动，将百分之一的希望扩大到百分之百，别无选择，唯有坚持。要放下思想包袱，全力以赴来做好当下的事。只要你有清晰的目标，迈开你的脚步，坚定你的志向，遵循着一条永不言败的誓言，坚信在不久的将来，你就能走向创业的成功大道，实现自己美好的宏愿。

要想创造奇迹，就要和创造奇迹的人在一起，脱胎换骨、改头换面。千万不要对自己说“不可能”“我不行”这样的话。

蜗牛不相信自己的缓慢，一步一个脚印向自己的目标爬行，终于到达了自己的目的地；水不相信自己的脆弱，日复一日，年复一年，一点一滴地撞击石块，终于造就了水滴石穿的奇迹。

拿掉大脑中所有的限制，下一个奇迹就是你

梦想的距离，有时比我们想象中更近。向着梦想前行，从哪里开始不重要，清楚前进的方向才重要；一时的挫折不重要，路怎么走才重要；别人不相信不重要，自己相信才重

要。梦想在哪里，未来就在哪里。

李嘉诚说过：“当我骑自行车时，别人说路途太远，根本不可能到达目的地，我没有理，半道上我换乘小轿车。当开小轿车时，别人说再往前开就是悬崖峭壁，没路了，我没有理。继续往前开，开到悬崖峭壁，我换乘了飞机，结果我去了自己任何想去的地方。”李嘉诚这番话很值得我们深思。这就是说，别人认为做不到的事情，他做到了。不要让梦想毁在别人的嘴里，因为别人不会为你的梦想负责。相信自己，奇迹只会发生在相信奇迹的人身上。这个世界上有太多的奇迹，当我们知道，聋子可以写出交响乐，双目失明的人可以在奥运会上成为跳高冠军，没有手的人居然也可以用脚弹钢琴，没有腿的人偏偏能够登上珠穆朗玛峰。说到这里，你还会觉得曾经的梦想很夸张吗？不，一切皆有可能。

在这个世界上，有许多长得比你丑、学历比你低，比你笨、比你矮，许多方面比你还糟糕的人，为什么他们要围绕当初那个曾认为最遥不可及的梦想，不懈地努力，忘我地打拼，为什么呢？因为他们心中只有一个信念，忠于梦想，敢于追求。没有退路，也就找到了出路，因为极度的渴望，所以义无反顾；因为从不找任何借口，所以迎难而上；因为拿掉了大脑中所有的限制，所以所向无敌。我没有学历、我没有人脉、我没有钱、我没有一技之长、我没有靠山，那又能怎么样呢？那又算得了什么呢？如果你要让这些限制继续限制你的双手，限制你的大脑，限制你这一辈子，你还能追求梦想，还能创造奇迹吗？

你有梦想吗？你的梦还在吗？你为什么犹豫？你为什么不相信？你为什么一直等待？因为你不自信，因为你安于现状，因为你没有做梦的能力，所以你很难成就自己。有人说，我的梦想是好好学习，然后考上大学，再找到一份安定的工作，买车买房过上幸福的生活。不错，如果你现在一无所有，这也是梦想。汽车和房子是生活的需求，但是，如果让这些成为了你人生的追求，未免有点太肤浅了吧？也有人说，我的梦想是让自己的父母和身边的人过上好日子。还有一个人，他在年轻的时候说过这样一句话：我活着就是要改变世界。有人问他：你为什么要改变世界？他说：活着改变世界还需要理由吗？这个人就是大名鼎鼎的乔布斯。

人生最精彩的不是实现梦想的瞬间，而是追求梦想的过程。在追梦的道路上，有六个字常常阻碍着我们追求梦想，阻碍着我们创造奇迹。前面三个字叫“不知道”，后面三个字叫“不相信”。如果你告诉自己，我渴望得到美好，但是，我不知道该怎么做。或者是你告诉自己我渴望得到美好，但是，我打心底根本不相信，这些事也会发生在我们的生命中。如果你只是不知道，那么你还是有救的，只要你愿意通过学习去改变，不会的都可以学会。但是，如果你是不相信，那么你就会尝到不相信的苦果。

创造奇迹的关键，最重要的就是，人类因梦想而伟大。你知道自己的梦想吗？你想成为超级业务员？想成为行业中的冠军？想成为亿万富翁？想环游世界？想拥有上市公司吗？没有不想的吧。总而言之，你必须让自己拥有做梦的能力，绝对不要让别人偷走你的梦想。要想创造奇迹，就要和创造奇迹的人在一起，脱胎换骨、改头换面，成为一个不找任何借口的人，成为一个为了梦想而不断学习的人，成为一个能超越自己极限的人。只有这样，你才可以创造自己想要的奇迹。

这个世界上，真正的伟人和领袖级人物，在年轻的时候，他们的想法和梦想，与同龄人肯定不一样。梦想的不同，决定了未来的结果也就不一样。实现梦想是需要条件的，第一叫不怕输。困难就是用来战胜的，挫折就是用来挑战的，把失败打败，把不可能变成可能，你就能梦想成真。实现梦想的第二个条件，叫做不抱怨，不找任何借口。当你真心想做一件事情时，再大的困难也可以克服；当你不想做一件事时，再小的阻碍也会成为理由。不管什么样的石头，都不能成为人生的绊脚石，即使你遇到石头跌倒了，也要勇敢地爬起来，踩上去，让它成为你人生的垫脚石。实现梦想的第三个条件，就是拿掉大脑中所有的限制。有人经常会对你说，你学习成绩不好你就完了，你的家庭环境不好你就完了，你没有人脉你就完了，你没有钱你就没有希望了，这都是别人强加在你大脑里的杂念。请记住：别人不相信你的梦想能成功，那是因为他自己做不到，所以他认为你也做不到。如果你真的相信了，你也就没有希望了。所有的梦想，起初都像做梦一样遥远，但是成功者却偏偏把梦想变成了现实。所以，从今天开始，要记住，大脑中别人所讲的那些所有的不可能，都是你实现梦想的限制。谁说一个双耳失聪的人就不能弹奏《命运》交响曲，贝多芬做到了；谁说一个弱智的人不能成为指挥家，中国的周舟做到了；谁说一个没有双臂的人就不能弹奏钢琴，北京的刘伟用双脚弹奏了钢琴；谁说一个没有四肢的人就不能征服世界，澳大利亚的力克·胡哲周游了世界。不去做，你就永远不会有收获；不相信，你就永远不会有成功；不可能，你就永远停留在现在。

成功都是被逼出来的，人的潜能是无限的，安于现状你就会被逐渐淘汰。蜗牛不相信自己的缓慢，一步一个脚印向自己的目标爬行，终于到达了自己的目的地；水不相信自己的脆弱，日复一日，年复一年，一点一滴地撞击石块，终于造就了水滴石穿的奇迹。逼自己一把，突破自我，你将创造奇迹。也许你没有好的背景，但只要一步一个脚印，踏踏实实，每天努力一点点，奇迹就会发生。千万不要对自己说“不可能”“我不行”这样的话，只要你不服输，只要你不找任何借口，只要你拿掉大脑中所有的限制，创造下一个奇迹的，也许就是你。

不想认命，你就要去拼命。人活着不是靠泪水博得同情，而是靠汗水赢得掌声。一无所有就是拼的理由，没有伞的孩子必须努力奔跑。

与其羡慕他人优秀，不如自己奋斗不止；与其羡慕他人坚强，不如自己百炼成钢；与其羡慕他人成功，不如自己厚积薄发。不吃拼搏的苦，就会流生活的泪。

理想拼搏了才是梦想，放弃了就是妄想

你有梦想吗？你的梦还在吗？我们都在不断地成长，完成了很多貌似很难的问题，那么我就要问了，你在遇到困难的时候是什么支撑着你一路前行？是努力，是奋进，还是拼搏？我想是你坚定的意志和信仰一直在支撑着你。心中有理

想，脚下的路再远也不会迷失方向。只有不断地拼搏，才能看到遥远的未来。

生活的理想就是为了理想的生活，不想认命，你就要去拼命。想要优秀就必须要接受挑战，想要尽快优秀就必须去寻找挑战。自己打败自己是最可悲的失败，自己战胜自己才是最可贵的胜利。人生拼搏奋斗的光景就那么几年，别让未来的自己心怀不甘，你可以输给强大的对手，但不应该输给自己。最不幸的生活是生活在不幸的回忆中，最不科学的生活是生活在不良的习惯里，最不理想的生活是生活在重蹈覆辙中，最绝望的生活是亲手埋葬了自己的理想。只要有理想的地方，地狱也可以成为天堂。宁可执着，也不要放弃理想。

理想有两种，拼搏了是梦想，放弃了就是妄想。人生需要拼搏，只有勇于攀登才能创造辉煌；生活要敢于挑战，只有勇于吃苦才能实现梦想。人生难免遇到挫折，雨过天晴就是阳光。实现梦想的道路不可能总是一帆风顺，有时难免磕磕绊绊，摔倒并不可怕，可怕的是没有重新站起来的勇气。要知道，半途而废的背后有千种借口，而成功的背后却只有一种理由，那就是拼搏。只有为理想而拼搏的人，才是一个有作为的人。不看昨天谁是你，只看今天你是谁。好好给自己定位，做好自己想做的事，当你想到了自己需要什么的时候，你的大脑会告诉你应该怎么做。人活着不是靠泪水博得同情，而是靠汗水赢得掌声。与其羡慕他人优秀，不如自己奋斗不止；与其羡慕他人坚强，不如自己百炼成钢；与其羡慕他人成功，不如自己厚积薄发。这世界很公平，你想要比别人强，那么就必须做别人不想做的事；你想要过更好的生活，那么就必须去做别人做不到的事，承受更多的苦难。不吃拼搏的苦，就会流生活的泪。

理想和现实之间幸好还有差距，不然，谁还稀罕理想？所谓理想与现实之间的差距，也许就是夹起来以为是块肉，咬下去才知道原来是块姜。现实和理想之间，不变的是跋涉；黯淡与辉煌之间，不变的是开拓。做人做事，必须要坚守自己的理想和信念，只要我们所坚守的是正确的事情，哪怕会有短暂的痛苦，也应该坚持下去。想，都是问题；做，才是答案。站着不动，永远是观众。理想就是一个方向盘，像在黑暗隧道前方的一盏明灯。如果失去光明，你会感到恐惧，就会惧怕死亡。而有了这点光明，你就会行动，你就会跋涉，这就是理想在生命中的价值。

一个人，如果没有理想，就会失去进取的动力，就会迷失攀登的方向，就会在困难面前退缩不前。如果我们所做的是错误的事情，即使可以得到短暂的快乐，也应该坚决拒之。为什么到今天，我们还能保持拼搏的热情？这是因为，在现实的基础之上，永远会有一面理想和激情的旗帜在飘扬。

人的一生要有追求和理想，要热爱你的工作，即使你很出色，也不要认为自己每件事都比别人强。别人拥有不必羡慕，只有自己努力拼搏，时间都会给你收获。不要轻易把梦想寄托在某个人身上，我们不是欠缺成功的筹码，而是缺少奋力拼搏的精神。拼搏是人最大的潜能，人生之路不会总是顺遂人愿，在所有成功路上折磨你的，背后都隐藏着激励你奋发向上的动因。生活中处处存在着各种各样的诱惑，如果定力不强，这些诱惑随时会把你撂倒，从而迷失方向，让你陷入短暂利益的旋涡中。因此，在种种诱惑面前，我们要一如既往地保持清醒的头脑，坚持正确的理想和信念。一个人，如果不逼自己一把，根本不知道自己有多大的潜能。有一种成功叫永不言弃，有一种成功叫拼搏到底。要想取得成功，必须为自己的理想拼搏到无怨无悔，拼搏到感动自己。

拼搏如逆水行舟，不拼不博，顺流而下；又拼又博逆水而上。有些大学生，一毕业就想搭上顺风船，希望找到一份轻松安逸、没有风险的工作，这固然无可非议。但这毕竟是少数，多数人无缘上顺风船，他们无疑要在大风大浪中搏击。众所周知，马云的阿里巴巴和马化腾的腾讯，他们在公司初创期间，资金一度极为短缺，人才极度匮乏，但他们却能咬紧牙关，克服了重重困难。正是因为他们的顽强毅力和拼搏精神，终于改变了命运。14岁做民工的王宝强，曾被老婆养了6年的李安，曾被中国十大影业拒绝的徐峥，1974年被大家笑话的洗车工周润发，曾在校篮球队落选、被体育老师看不起的乔丹，曾被无数白人斥为的“黑鬼”迈克尔·杰克逊，曾被拒绝1000多次才当上演员的史泰龙……人生或多或少都会遇到挫折，除非你的心脏停止跳动了，不然轻易不要放弃梦想。有梦就去追，早晚会实现。设想如果他们在困难面前放弃了理想，放弃了拼搏，哪还会有他们今天的辉煌?

虽然不能决定太阳几点升起，但你可以决定自己几点起床；虽然不能控制生命的长度，但你可以增加生命的宽度。然而，也有的年轻人，胸无大志，不思进取，好逸恶劳的思想，无时不在吞噬着他们的理想和斗志，拼搏的激情早就没有了，留下的大多是贪图享乐的妄想。

以前，不少人会根据你父母的收入对待你，那是因为你父母不懈的努力拼搏得来的，人们会仰视你；同样，如果守摊混日子，那么你今后的生活会索然无味，别人也会漠视你。为了你的家人，也为了你自己，请记住，除了继续拼搏，你别无选择。趁我们还年轻，我们的双手还能劳动，我的大脑思维还活跃着，我不能为自己终生追求的理想抹黑。我不敢休息，是因为我还没有资本；我不敢说累，是因为我还没有成就；我不敢偷懒，是因为比我牛逼的人还在拼搏；我不敢放慢脚步，是因为我一直还怀揣着梦想。

理想与妄想有什么区别？理想就是当你想它时，你是快乐的；妄想就是当你想它时，你是痛苦的。人在追求理想时，不是遇到志同道合的人才能上路，往往是上路了才能遇到志同道合的人。人生最难把握的是机遇，最难改变的是习惯，最难提高的是素质，最难实现的是理想。我们缺少的不是机遇，而是对机遇的把握；缺乏的不是知识，而是学而不厌的态度；缺少的不是理想，而是身体力行的实践。

理想再远大，也需要点滴的努力；口号再响亮，也需要实际的行动。没输过的人，往往会输得一塌糊涂；没摔过跤的人，跌倒了往往爬不起来；没体会过饥寒的人，贫困往往会成为他的归宿；没历经拼搏的人，属于他的往往不会长久。人生如爬山，每个人都有自己的不易。有人嫌苦从未前行，有人怕累起步就停；有人努力爬了一半，怀疑到不了终点就半途而废；更多的人因为心怀梦想而竭尽全力，历经风险，终于登上了巅峰。

脚不是用来踢人的，是用来向理想的目标迈进的。人生就是一个拼搏的过程，与时间赛跑，与荆棘抗争，因为拼搏，书写人生的凌云壮志；有了拼搏，才能让自身更加强大。人生能有几回搏，此时不搏，更待何时？拼，是胜过一切豪言壮语的利剑，是一面迎风招展的战旗。一无所有，就是拼的理由，没有伞的孩子，只有努力奔跑。无论有多么宏伟的规划、多么昂扬的斗志，你不去拼搏，终究是空中楼阁。只要你心中的理想光芒四射，只要你朝着更美好的方向去拼搏，你将会拥有精彩的人生。

同在一条路上，只要你比别人走得更快，只要你比别人走得更久，你就可以比别人走得更远。这样，你就可以丈量出别人无法企及的距离，就能领略到别人无法看到的风景。这条路，如果你走得很艰难，这就对了，说明你正在走上坡路。容易走的路，都是下坡路。一切美好的东西，都要靠付出来换取。不拼不搏，人生白活；不苦不累，生活乏味。努力拼搏才能梦想成真，撸起袖子加油干，甩开膀子向前冲，你闪光的青春才值得炫耀。

没有什么东西能够取代意志。天赋不行，能力不行，财富也不行。多少人的荣华富贵、金樽美酒，最后依然成了过眼云烟。
只有挫折和挑战，才能够历练坚强的意志，锻造出钢铁一样的脊梁。时光不等人，趁你还年轻，坚定你的志向，迈开你的脚步，努力就会绽放。

坚定你的志向，努力就会绽放

不是每一个贝壳里都有珍珠，但珍珠一定出现在贝壳中；不是每个人努力都会成功，但成功的人一定很努力。也许你正在为你的未来打拼，有时候会感觉看不到尽头，未来会怎样，要用力走下去才知道。既然认准了一条路，又何必去打听要走多久？先努力活成自己喜欢的模样。你要想过着不平凡的生活，就一定要超越平凡人的努力。

站在熙熙攘攘的人群中，你也许不是那么起眼，拥有的不是那么多，但这不要紧。要紧的是，你始终循着自己的脚步，在不慌不忙中日渐优秀。一直往前走，你终能抵达自己想去的地方。

人与人之间的差异，其实很简单。你在懒床，他在锻炼；你在应付工作，他在用心工作；你在完成今天的计划，他在策划明年的计划。要想得到这个世界上最好的东西，就要先把最好的你交给这个世界。平庸的人，一辈子都行走在平坦的道路上；有作为的人，成就越大，走的路就越曲折。只要你一直在路上，就没有到不了的终点。不忘初心，坚持不懈，才能把每一件事情做好，不辜负当初的志向和意志。因为有了这些，你才能排除干扰，合理分配时间和精力，一心一意做好自己想做的事情。

一个人的心在哪里，哪里就有支点；志在哪里，哪里就有力量。成是由心来设计，功是由志来建造。立志是漫漫征途的开始，志向就是你当初设定的目标，如果一开始就缺乏远见，或者目标模糊不清，那么，接下来你所走的路，就会因曲折艰难而留下遗憾。如果不努力，身后总有一步可退，可是，退一步并不会海阔天空，那只不过是躲进了自己的小天地，一切成功都将会跟你没关系。

人生就像一只储蓄罐，你投入的每一分努力都会在未来的某一天回馈于你。而你所要做的就是每天多努力一点点，请相信，别人拥有的不必羡慕，只要努力，该是你的你都会得到。所有的努力，不是为了让别人觉得你了不起，而是为了能让自己打心里看得起自己。没有一点努力会浪费，你今日撒下的种子，或许会在看不见、想不到的某一天，悄悄地生根发芽。要知道，所有的付出都将有所回报，只不过每颗种子的花期不一样罢了。

现实生活总是充满了诱惑，要想做到意志坚定，谈何容易。如果沉不住气，你可能一时糊涂，甚至丧失理智。受到挫折，你也可能自暴自弃，玩世不恭。在不同的境遇中，怨天尤人，诅咒命运的不公，请记住，那都是意志不坚定的结果。生命的过程就是一路向前行走的跋涉过程，越是泥泞的道路留下的足迹越是清晰，越是陡峭的山峰看到的风景越是美丽。这世界没有不劳而获的成功，努力的人才配得上更好的生活。人生所有的鲜花和掌声都是由汗血和心血浇灌而来。

很多人都觉得成功的人是因为有天赋。其实天赋异禀的人是很少的，真正让他们出类拔萃的，是因为他们都有一段沉默的努力时光，里面有艰辛的汗水，也有无数次失败的泪水。很多普通人都是在黎明前一刻认输了，只有那些能从黑暗中穿行而过的人，最后才能获得真正的成功。

人生没有一帆风顺，与其逃避困难，不如积极迎战，掌握跟命运叫板的主动权。只有当直面生活中的艰辛，坦然接受成长给予的眼泪，每一次都迎难而上地去解决问题，你才能获得真正的成长；而你也才会有机会发现，人生没有白走的路，努力终将得到回报。

路是走出来的，不是选出来的。与其总是犹豫不决，不如勇敢地踏出第一步。当你不知道自己究竟该向左还是向右的时候，选哪条路都是对的。每一条路上都有属于它自己的独特风景，你也一定能走出自己的道路。

不为模糊不清的未来担忧，只为清清楚楚的现在努力。美好的生活方式，不是躺在床上百无聊赖，也不是窝在家里无所事事，更不是走在街上无所适从，而是和一群志同道合的人，一起奔跑在理想的路上，回头有一路的故事，低头有坚定的脚步，抬头有清晰的远方。我从来不相信什么懒洋洋的自由，我向往的自由是通过勤奋和努力实现的更广阔的人生。那样的自由，才是珍贵的、有价值的自由。我相信一万小时的定律，我从来不相信天上掉馅饼的灵感和坐等的成就。只要方向明确，从容驾驭，哪怕前方是惊涛骇浪，你依然可以处变不惊，临阵不乱。哭的时候没人哄，学会了坚强；怕的时候没人陪，学会了勇敢；烦的时候没人问，学会了承受；累的时候没人靠，学会了自立。不把希望寄托于太阳，我失意了，它明天照样升起；不把希望寄托于月亮，我蒙住双眼，世界也不会漆黑一团。假如自己的青春之火熊熊燃烧起来，一样也可以照亮别人。只有不快的斧头，没有劈不开的柴。凡事尽力去做就好了，不要跟自己过不去，要做自己应该做的事情，要做好自己该做的事情。坚定你的志向，一切靠自己。你付出了多少努力，你的生活就会绽放出多少光彩。

人总要先下水，才知道深浅；总要先品尝，才知道苦甜。有多少重要的事，想着想着就算了？你得明白，要想得到，不能只是想到，更要做到。能走多久，靠的不是一双脚，是志向。能登多高，靠的不是身躯，是意志。望山跑死马，看一座山很近，实际要走很久，没有耐心和毅力，是走不到山顶，看不到山里奇景的。鸿鹄志在苍宇，燕雀心栖檐下。强者遇挫越勇，弱者逢败必伤。没有比脚更长的路，没有比意志更高的山。进步和成长，总是伴随着困苦与坎坷，把坚强装进行囊，带着执着上路，批评指责其实也是在为你指路。走向远方，哪怕前途迷茫；抱着最大的希望，哪怕山穷水尽；坚持最强的意志，哪怕刀山火海；做最坏的打算，哪怕从头再来。给自己一个目标，跌倒了，在伤痛中爬起。没有靠山，自己成为靠山；没有资本，自己赚资本；没有舞台，自己搭建舞台。不要在乎身边的闲言碎语，因为未来是你自己的，不是你能不能，而是你要不要。靠山山会倒，靠人人会跑，靠自己才是最好。这世上，从来没有什么救世主，你弱了，所有的困难都强了；你强了，所有的阻碍都弱了，逢山开路，遇水架桥，忍辱负重，执着追求，会把许多不可能变成可能。

人的一生总没有想象中那么好，每个人背后都会有辛酸，都会有无法言说的艰难，每个人都会有自己的泪要擦。成长恰似蝴蝶破茧，只有在痛苦的挣扎中，意志才会得到锻炼，生命才会得到升华。这世上，没有什么东西能够取代意志。能力都取代不了意志，很多有能力的人最后还是以失败告终，这里面固然有运气和机遇的因素，但最根本的原因，还是缺乏坚忍不拔的意志。天赋也不能代替意志，碌碌无为的“天才”不胜枚举。财富更加不能取代意志，多少人的荣华富贵、金樽美酒，最后依然成了过眼云烟。只有挫折和挑战，才能够历练坚强的意志，锻造出钢铁一样的脊梁。人生失意时，不要消沉，世上没有翻不过的山，没有迈不过的坎。不要在事情开始的时候畏首畏尾，不要在事情进行的时候瞻前顾后，唯有如此，一切皆有可能。衡量一个人成功的标志，不是看他登到顶峰的高度，而是看他跌到谷底后的反弹力。

意志决定了成功的高度，进取决定了未来的深度。坚韧是跨越险谷沟壑的撑杆，坚韧能提高对挫折的忍受力。因为它的韧性，你的力量才得以延长，你的空间才得以延伸，你的毅力就变成了弹力，你的脆弱就变成了顽强，你的跨越就变成了跳跃。

想要看到更大的世界，是为了自由选择人生的机会，是为了可以不向命运低头，是为了面对自己喜欢的人可以大胆说爱。努力不是为了做给谁看，而是努力过，无论什么结果都能问心无愧；努力是因为你可以不接受命运的框定，靠自己来场漂亮的反击。

很多时候，我们欠缺的不是想法，而是做出决断的勇气。既然决定去做了，坚定你的志向，再多的借口也不应该成为阻碍你前行的绊脚石。时光不等人，趁你还年轻，坚定你的志向，迈开你的脚步，努力就会绽放。最富有的人，是跌倒最多的人；最勇敢的人，是每次跌倒后都能站起来的人；最成功的人，是那些每次跌倒，不仅能站起来，还能坚持走下去的人。只要肯迈步，路就在脚下，不管多险峻的高山，总会给勇士留一条攀登的路。

什么是奋斗？奋斗就是每天过得都很艰难，可一年一年日子却越来越舒坦；
不奋斗就是每天生活得都很舒坦，可一年一年日子越来越艰难。青春没有等来的辉煌，只有拼来的精彩。

不奋斗，还要青春干什么

“现在的青春是用来奋斗的，将来的青春是用来回忆的。”即使是在错过青春的年纪品读这句话时，我想每个人的内心都会有十万匹马在奔腾。

世上美丽的东西千千万万，却没有一样比年轻更为美丽；世上珍贵的东西数不胜数，却没有一样比青春更为宝贵。我们有着自己的梦想和激情，我们渴望拥有美丽的青春和未来，我们必须要马不停蹄地奔跑着。

我们之所以羡慕年轻，是因为年轻的时候可以随时后悔，可以随时改进，而一旦步入老年，许多事情就无法改变了。我们若只是挥霍光阴，虚度年华，享受生活，不去奋力拼搏，那还要青春干什么？

青春不是享乐和颓废，奋斗的激情、拼搏的汗水和得偿所愿的喜悦，才是青春该有的样子。为了寒窗十载的努力，为了年少时的梦想，也为了不给青春留下遗憾，让我们勇敢迎接每一次挑战。

在漫漫的人生长途中，青春虽然只有很小的一段路程，但当我们白发苍苍回顾往昔的时候，青春便成了那一段不可或缺的美好记忆。

有的时候，我们奋斗，不是为了改变世界，而是不被世界改变；不是为了炫耀自己，而是为了让自己更有价值。奋斗，更多的时候是为了心中的一个梦想、一种尊严、一种责任、一种使命，是为了让自己的人生变得更强大。不是所有奋斗都会有一个让你满意的结果，但每一个奋斗的过程都会让你变得与众不同。

什么是奋斗？奋斗就是每天过得都很艰难，可一年一年日子却越来越舒坦；不奋斗就是每天生活得都很舒坦，可一年一年日子越来越艰难。青年能激发最强劲的奋斗力量，绽放最美的青春光芒。今天，在各个领域中，青年人的奋斗身影是最亮丽的风景。在各个岗位上，青春的火热干劲是最动人的旋律。他们虽然职业不同、地域有别，却都有一颗赤诚的心、一腔滚烫的激情，把理想和抱负熔铸在脚踏实地的奋斗中。

人生是一条漫漫的长途，其中有坎坷的山路也有平坦的水泥地。让人过于舒服的路，都是下坡路；最不费力气的行走，都是顺风走。然而，动物园里养不出千里马，水井里也生不出腾飞的巨龙。最终变成什么样，很大程度上取决于我们在人生道路上，是选择迎风奔跑，还是就坡下驴。我想，只有把今天的绊脚石变成明天的铺路石，你才能活出自己的精彩。

一生当中，每个人的青春都是公平的，赋予我们的是同一段年轻的时光。青春的可贵，并不是因为你很年轻，而是那颗充盈了勇敢和热情的心，不怕受伤，不怕付出，不怕追梦。我们应该在这美好的时刻给人生一个忠实的承诺，让奋斗成为青春的主旋律。

人生难免有些曲折，有的人遇到一点压力就认为人生太累，受到一次批评就认为做人太难，碰到一次失败就认为这辈子完了，这些都是为不想奋斗而找的借口罢了。其实，没有谁的青春是容易的，每一代人有每一代人的宿命。青年人最大的资本，恰恰是最容易被自己忽视的青春。

谁的少年不热血？谁的青春不飞扬？我相信每位青年人都是热血男儿。请把奋斗当作一种习惯，而不是三分钟的热度，永恒的追求、不断的拼搏才是正道。每一个你羡慕的收获，都是别人奋斗争取来的，你可以抱怨，也可以无视。但请记住，失败不可怕，怕的是没有奋斗的勇气，到最后你连虽败犹荣的资格都没有。

曾经有一个记者问拳王阿里：你每天做多少个仰卧起坐？阿里回答道：我从来不数自己做了多少个仰卧起坐，我会一直做到肌肉痛到实在无法坚持为止。其实在职场上也一样，在很多艰难时刻你都会面临两种选择，要么含着眼泪硬抗下去，要么让困难把你打倒在地。

奋斗是实现青春意义的最好方式。每个人都在埋头奋进，不要奢望你的跌倒会有人回头扶你，你若不奋力爬起，那会永远被落在最后。在人生这条道路上，没有任何人一直顺风顺水，跌倒了要敢于爬起来继续奋进。蝴蝶若非经过蜕变的剧痛，又怎会翩翩飞舞？一个人心中有了追求，就会在希望中生活，在逆境中创造，在绝望中奋起。奋斗是人生的宝贵财富，人在一生中能走多远，取决于青春时的奋斗。

青春时代是人生大放光彩的时代，你要做的就是不懈努力，奋力拼搏。当你厌倦眼前的工作时，请想一想老去的父母，是他们含辛茹苦把你养大，还指望着有一天你给他们带来幸福。记住，别在奋斗的年龄享受，别在努力的时候放手。等到辉煌的那一天，你首先就会感谢你的父母，是他们让你看到了希望，才有了当初的激情和努力，才有了今日的成功，才成就了优秀的自己。即使百般不如意，万事不顺心，你可以有多种理由苦闷、埋怨，但却不能有一种理由放弃奋斗的理想。不奋斗，你的才华如何配上你的任性；不奋斗，你的脚步如何赶上父母老去的速度；不奋斗，世界那么大，你靠什么去看看。一个人老去的时候，最痛苦的事情，不是失败，而是我本可以。

生活有时候好像游在水面的一只鸭子，表面上都从容淡定，其实都是在水底下拼命地划水。要想过上好生活，就要使出全身的劲。否则，当父母需要你时，除了泪水，你一无所有；当孩子需要你时，除了惭愧，你无能为力；当自己回首过去，除了蹉跎，你百般无奈。领悟人生真谛，靠的是经历而不是年龄；破除成长迷雾，凭的是奋斗而不是“叹老”。如果你的青春是放荡的，那么必然会迎接一个痛苦的晚年。

奋斗是青春最厚重的底色，经得了磨难、受得了痛苦、熬得过孤独，才不会被社会淘汰，才能成为时代的弄潮儿。请记住，容易实现的不是梦想，轻言放弃的就不是诺言。中国的未来属于青年，中华民族的未来也属于青年。年青一代有理想、有担当，国家就有前途，民族就有希望，实现我们的发展目标就有源源不断的强大力量。青春没有等来的辉煌，只有拼来的精彩。

苦是人生的清醒剂，苦是奋斗的陪练员，苦是成长的黑土地。真正的痛苦是没有人替你分担，没有壮大，是因为你没有摔打；没有变强，是因为你缺少对手。

累就对了，舒服是留给庸人的。苦才是人生，累才是工作。你现在吃的苦，都是为今后铺的路。

现在吃的苦，都是为今后铺的路

人活一世，吃苦没有什么不好，它能让你更好地珍惜甜的滋味。想要做人上人，就要比别人吃更多的苦。每个人的人生，都会经历无数的跌倒，吃尽无数的酸甜苦辣，生命才得以绽放。你现在吃的苦，不是为了与别人争夺比输赢，而是为了让自己活着的每一天都在成长。你现在吃的苦，都是为今后铺的路。只有不畏艰辛，迎难而上，灵魂以及身体，才能承受住生活的考验。

苦是生活的原味，累是人生的本质。一年下来，很多人都会问你挣了多少钱，却从来没有人问你，一年吃过多少苦，受过多少累，有过多少辛酸，这一年付出了多少。不被人知的辛苦，只有自己心里最清楚，也只有自己才能体味到。这一年真的很累，但是所有的苦与累我们只能一笑而过，只能自己默默地承受。我认为，这些苦与累是人生经历的积累，是生命绽放的资本，是自己应有的责任和担当，你没有退路，也别无选择。

你走得再远，站得再高，得到的再多，都脱离不了苦与累的纠缠。人生就是一种承受、一种压力，让我们在负重中前行，在逼迫中奋进。人的才能需要在吃苦中磨砺，人的意志需要在吃苦中砥砺，人的情感需要在吃苦中成熟，人的阅历需要在吃苦中丰富，真正的快乐和幸福也只能从吃苦中收获。现在有些年轻人，谈到吃苦，犹如谈虎色变，避之唯恐不及。有的人，想锻炼身体，却做不到坚持早起跑步；想多读书，但读上几页就忍不住去看手机。他们往往间接性踌躇满志，却不能坚守自己的诺言。不愿吃苦，害怕吃苦，结果往往是，看着别人一天天变得优秀，自己却在无所事事中虚度光阴。年轻人要学会吃苦，因为只有吃过苦的人，才能够体会甜的滋味，才能够珍惜不吃苦的日子。年轻时吃过的苦，将会成为你今后微笑的资本。

什么是吃苦？当你抱怨自己已经很辛苦的时候，请看看在西部的那些贫困孩子，他们饭吃不饱，衣穿不暖，冻着脚丫，啃着窝窝头的情形；请想一想几十年如一日起早贪黑的老师们；请对比一下那些透支着体力却依旧食不果腹的劳动者，还有你们的爸妈。在办公室里整整资料能算吃苦吗？在有空调的写字楼里敲敲键盘算是吃苦吗？认真地看看书，写写字，也算吃苦吗？如果你为人生画出了一条很浅的吃苦底线，就请不要妄图跨越深邃的成功极限。

著名作家龙应台在给儿子安德烈的一封信中这样写道：我要求你读书用功，不是因为我要你跟别人比成就，而是因为，我希望你将来拥有更多选择的权利，选择有意义、有时间的工作，而不是被迫谋生。如果你优秀，你便拥有了大把的选择机会，否则你只能被迫谋生。

苦是人生的清醒剂，苦是奋斗的陪练员，苦是成长的黑土地。吃苦绝非坏事，生活中的苦难正是精神成长不可缺少的养分，是砥砺意志的磨盘石，是获取成功的催产婆。懦弱的人必然在苦难之下被淘汰，只有坚强的人才会迎难而进。

南朝的祖冲之，在当时极其简陋的条件下，靠一片片小竹片进行大量复杂的计算，一遍又一遍，历经无数次失败，终于在世界上第一个把圆周率精确到小数点后第七位。面对苦难，鲁迅曾彷徨过，哥德、贝多芬还曾想自杀过，但他们都顽强地战胜了自己的消沉和软弱，通过自己的努力，不仅磨炼了自己的意志和毅力，最终还都坚定地走向了成功的巅峰。

人的生命似洪水在奔腾，不遇着岛屿和暗礁，难以激起美丽的浪花。越王勾践卧薪尝胆的故事早就成为后人逆境奋起的典范，孔子在失意的痛苦中写成了《春秋》，屈原在流放的痛苦中写成了《离骚》，曹雪芹在家破的痛苦中写成了《红楼梦》。

正所谓宝剑锋从磨砺出，梅花香自苦寒来。你现在的不如意、逆境、挫折乃至苦难都是你的财富。人们常说，苦难是人生最好的大学。古今中外，凡成大事者，很多都是从苦难中走过来的。在逆境中，我们会经受各种考验与锤炼，百炼成钢，成就我们非凡的意志和能力。逆境并不可怕，可怕的是你把它看成结局而不是过程。

很多人都吃过“茶叶蛋”，蛋壳破裂最多的，才是最入味的。同样，人生经历愈丰富，挫折愈多，愈有味道。苦难可以帮助一个人成长，而之后的快乐是你想象不到的。鸡蛋，从外打破是食物，从内打破是生命。人生亦是，从外打破是压力，从内打破是成长。如果等待别人从外打破你，那么你注定成为别人的食物；如果能让自己从内打破，那么你会发现自己的成长相当于一种重生。

学会吃苦，是成就事业的必修课，是成长进步的原动力。我们每一个人都应学会吃苦、愿吃苦、能吃苦、敢吃苦。军人没有吃苦的准备、吃苦的能力、吃苦的勇气，很难出色完成使命。可以说，一个没有吃苦精神的人，在任何岗位上都将一事无成。因为，成功属于那些勇于吃苦、敢于拼搏的人，也只有具备了吃苦精神，才能不畏任何艰难困苦。大凡吃过苦的人，才更懂得珍惜；只有吃过苦的人，才能始终保持知足常乐的心态和勤奋踏实的作风；只有吃过苦的人，才更有闯劲，更有顽强拼搏的精神。

能够吃苦，才会懂得享受的愉悦，年轻时候肯吃苦的，到老都会具有对辛苦的承受力。年轻时吃苦不算苦，老了吃苦那真苦。因为年轻的时候有精力、有体力，能够承受各种的压力和考验。可到了老年，体力不支了，那吃苦就是受罪了。从生活的阅历看，一般情况下，年轻时候比较努力，肯吃苦，能够吃苦的那部分人，他们的中年都会成为社会的主流，而到老的时候，他们回忆起自己的过去，会感到无比欣慰。

吃得苦中苦，方为人上人。美丽的蝴蝶，为了翩翩起舞而先做一个茧；绚丽的彩虹，为了光彩夺目而先接受大雨的洗礼；威猛的秃鹰，为了搏击长空而先挑战撞击悬崖的重生。你只有熬过了黑暗的恐惧，才会迎来黎明的阳光；你只有熬过了冬天的寒冷，才会迎来春天的温暖；你只有走过了荒芜的沙漠，才会迎来新的绿洲。

人的一生，都会遇到许多的坎坷和无数的挫折。在成长历程中，有很多困难和艰辛伴随着我们。而面对挫折和坎坷，有的人从此倒下，再也没有起来；有的人却变挫折为力量，更加坚强起来。不要害怕吃苦，要勇于迎难而上，因为你之前积累的苦难和经验，会在以后筑成一条平坦的大道。所有的苦痛和折磨都会在你和成功之间架起一座坚固的桥梁。终会有这样一天，我们内心坚定，没有恐惧，开始喜欢自己，我们恍然大悟，原来所有的美好终会如期而至。

当一个人不想醒来的时候，你怎么喊他都没用；当一个人不想努力的时候，你怎么帮他都没用；当一个人不想被燃烧的时候，你怎么点火都没用。自己想醒，没用闹钟也可以醒来；自己想努力，没用外力也可以成功；自己要点燃梦想，一根火柴足以形成燎原之势。

梦里能到的地方，脚步也能到达

不推开一扇窗，怎么会看到一片景。当我们拥有自己的梦想和信念时，就应该去你想去的地方，做你渴望见到的自己。有梦想，你才有资格得到自己想要的，如果你连想都不敢想，那么你连输的机会都没有。要相信梦里能到达的地方，总有一天，你的脚步也能到达。

如果曾追逐过一个梦想，那你一定会知道前进的方向。只因为有了一个值得坚持的理由，所以你就不会迷茫，再艰难也可以看得到远方。人生绝不甘心永远平庸，前方的路再坎坷也要绽放光芒。当你抓住一个梦想，就像拥抱整个太阳，筑梦坚实，就永远不会放弃希望。

每个人在孩童时，都有一个不切实际的梦想，长大后才知道这个梦想永远无法实现。最痛苦的不是梦想泯灭，或者夭折与现实，而是回望年少时热血沸腾的梦想如今再难以启齿。它就如同空中楼阁般引人向往，虚无缥缈。即使如此，不少人也不会抛弃这个梦想，因为那是支撑着这些人，在不如意的世界中坚强下去的理由。

人生有三条路，一条路用脚丈量，叫作现实；一条路用脑思考，叫作智慧；一条路链接心门，叫作梦想。你的脚步太慢，现实就会苍白；你的智慧不够，就不能与时俱进；你打开不了心门，梦想就不可能展翅翱翔。

只有拥抱梦想，你才可能拥有一颗强悍的心，过去的才会过去，未来才会从容走来。向日葵看不到太阳也会开放，生活看不到希望也要坚持，请一定要相信你就是一道风景，没必要在别人的风景里面仰视，不要等到人生的垂暮，才想起俯拾朝花，不要只因一次挫败，就忘记你原先决定想到达的远方。别再日复一日地抱怨，从此刻开始做出改变，你就可能离曾经的梦想更进一步。要想活出尊严，展现不凡，就要敢于与命运抗争，命运不管如何，它不会把你逼上绝路。

世界很公平，想要比别人强，就必须去做别人不想做的事。想要更好的生活，就必须承受更多的磨难，天上永远不会掉馅饼。没有等来的成功，只有脚踏实地走出来的精彩人生。任何值得去的地方都没有捷径，你相信什么，就有可能成为什么；你坚信什么，什么样的花朵就会为你开放；你渴望什么，什么样的硕果才会更加青睐你。只要在路上，就没有到不了的远方。不是每个人，都注定会成为自己想要的那个样子，但每个人，都可以朝着自己渴望成功的方向去努力，即使失败了，也无怨无悔。相信自己，遇到挫折，不要作茧自缚，只要破茧成蝶。凤凰涅槃，就会重生，她绝对不会辜负当初的自己。

梦想还是要有的，万一实现了呢？你总把梦想留在未来，把想做的事情留在以后，把你渴望的那个自我无限隐藏，这样下去，你不仅是在浪费时间，更是在舍弃你的青春年华。

喜欢跑步的人很多，但天天跑步的人不多；拥有梦想的人很多，但义无反顾追逐梦想并得以实现的人不多。阻挡你前进的不是高山大海，往往是自己鞋底里那颗沙粒。人生需要一颗有梦想的心，因为梦想才变得强大，梦想就是你前进的动力，敢于去梦想，才会有希望。

如果总是在抱怨中数落着每天的日子，在颓废中打发着自己一蹶不振的生活，那么，你就会在碌碌无为中荒废自己的一切。没有了梦想，淹没了价值，失去了自我。亲人的不满，朋友的不屑，社会的指责，这些都不是最大的损失，最重要的不幸，是你连到底丢掉了什么都不得而知。迷茫的雨雾越重，信仰的光芒越淡。附和的声音越强，沦为平庸的概率越高；保留的疑惑越深，剩下的懦弱就越沉。

当你真心渴望某样东西时，整个宇宙都会来帮忙，哪怕曾经因为追求梦想而受伤。其实很多事情都是这样，渴望越深，动力越足。看似遥不可测，其实是没有尽情追逐。你不试试，怎么知道不可以？你不要求更好，怎么会做到最好？你没有坚持到最后，怎么能知道不会梦想成真呢？

所有的成功都来自于不倦的努力和奔跑，所有的希望都来自平凡的奋斗和坚持。你无法找到捷径，只要你愿意开口为之坚持，总有一天，你会活出自己喜欢的那个样子。

每个人的圈子，都可以因为你的竭尽全力而闪光。每个人的梦想，都是成为实现中国梦的一小步。渴望成长，不要停歇；渴望自由，不被束缚。你想怎样，梦想就会让你变成怎样。所以勿以声音的微小而放弃呐喊，勿以细流的孱弱而放弃奔腾。人生就像舞台，不到谢幕，你永远不知道自己有多精彩。

当一个人不想醒来的时候，你怎么喊他都没用；当一个人不想努力的时候，你怎么帮他都没用；当一个人不想被燃烧的时候，你怎么点火都没用。早上醒来，有两个选择，躺着继续做梦，或者起身去追逐梦想。每天叫醒自己的不是闹钟，而是美好的梦想。自己想醒，没用闹钟也可以醒来；自己想努力，没用外力也可以成功；自己要点燃梦想，一根火柴足以形成燎原之势。懒惰像生锈一样，比操劳更消耗你的身体，让梦想成真的最好方法就是醒来。最难的不是别人的拒绝与不理解，而是你愿不愿意为你的梦想作出改变。

有时觉得梦想很远，像天边的流星难以触摸；有时觉得很近，像面前的茶杯，伸手把握；有时觉得梦想已经实现，无须矻矻求索；有时觉得梦想多变，无法实现。其实梦想就是你的想法，只要还渴望，你永远都在追梦的路上。

一个有梦想的人，才是一个有作为的人，一个大写的人。如果你不能飞，那就跑；如果跑不动，那就走；实在走不动了，爬着也要走完你该走的路。最值得自豪的不在于从不跌倒，而在于每次跌倒之后依然能够爬起来。人生可以失败，但绝不可以被击败，千万不要低估你实现梦想的能力。梦想虽好，但只想不干就无异于白日做梦。

人生有如在薄雾中穿行，我们无法预知未来的路，也经常为迷茫的前景而焦虑。今天很残酷，明天很残酷，后天依然很残酷，谁也不知道明天会发生什么，但是，只要有梦想，就一定有希望。其实，当你鼓起勇气，放下忧惧和怀疑，集中精力走好脚下的每一步，你就会发现，每往前踏一步，你都能把下一步路看得更清楚一点。让过程变得更美丽，让结果变得更灿烂，把汗水凝聚成珍珠，把梦想演变成现实。一个为梦想而坚持不懈的人，是值得尊敬的人，他的内心有无限的能量。

梦想和爱是生命中最好的养料，即使是一捧清泉，也能让生命之树茁壮成长。我们向往着远方，却迟迟没有背起行囊；我们渴望着改变，却又贪恋眼前的安逸。殊不知，口号再响，也抵不上你向前迈出的第一步；想法再美，也不如脚踏实地的行动。从现在开始出发，从今天开始努力，即使看不到希望，也一定要相信自己。走出自己的舒适区，才能通往你想要的未来。

最令人追悔不及的，往往是那些明知道自己可以早点开始，却总是碍于各种原因而无限延期。自己渴望得到的，就应该大胆地去追求，以忘我的精神，勇敢地去追逐。心中怀揣梦想，就一定有创造奇迹的那一天。心能走多远，梦想就能让你走多远。只有内心充满了渴望，才能够撑起一身傲骨，盛满希望的生命，才不会枯萎。

真正想做一件事时，再大的困难也可以克服，不想做一件事时，再小的阻碍也成为理由。很多东西先决条件很重要，但更重要的是后天自己创造条件，要记住，成为想成为的人不要只是说说而已。从现在做起，从今天做起，人生的每一天每一刻都是在为自己的明天铺路。

不折腾，你永远都是在做梦。年轻时不折腾，拿什么做回忆，珍惜眼前的一切，多去创造回忆。

若要远方吸引你，那就去折腾。悲哀的人拿自己的时间见证别人的梦想成真；可怜的人，自己不去折腾，还在嘲笑别人为梦想而奔跑。

活着最大的失败，不是跌倒，而是从来不敢为梦想而折腾。

不折腾，你永远都是在做梦

人生其实是一个不断折腾的过程。有的人为生活折腾，为梦想折腾，为自己而折腾；也有的人为别人折腾，为事业折腾，为社会而折腾。我以为，成功是折腾出来的，失败也是折腾出来的，人生的坎坷是一种折腾，顺境也是一种折腾，就看你选择如何去折腾。

有思想的人，敢于为自己的理想和目标去折腾；迷茫的人，不知道为什么折腾和该如何去折腾，懦弱的人，怜悯别人折腾，自己却不敢去折腾。我认为若要远方吸引你，那就去折腾。要多想想，你还有很多未完成的梦，还有什么理由停下脚步，你为什么不去折腾？年轻时不折腾，拿什么做回忆，珍惜眼前的一切，多去创造回忆。

别觉得自己活得苦，活得累，活得委屈。其实每个人活得都不容易，只不过别人的难处，别人的辛苦，你没有看到罢了。苦就对了，谁不是在苦中折腾出来的。所以，活着就有疲惫，就有汗水，就要在折腾中历经风雨，就要担起肩上的责任。

有多少人从小就想干一番事业，却一辈子都不愿意去折腾，这种人的失败不是败在能力上，而是败在“等”字上，等时机，等市场，等一切都准备好。刘邦不折腾是个流氓，陈胜、吴广不折腾是两个奴隶，成吉思汗不折腾是个放羊娃，马云不折腾就是个教书匠。

有的人喜欢说，等你成功了，我就跟你干。你可知道，我成功了，你和我之间的距离已经很遥远了。雪中送炭的时候你只在看，抱团取暖的时候你却在躲，同舟共济的时候你不出力，锦上添花的时候我不缺人。

世界上有两样东西不能嘲笑，一是出，二是折腾。什么样的出身不重要，重要的是将来成为什么样的人。敢于折腾不可怕，将来后悔才可怕。起点低不重要，重要的是未来的终点在哪里。悲哀的人，拿自己的时间见证别人的梦想成真；可怜的人，自己不去折腾，还在嘲笑别人为梦想而奔跑。活着最大的失败，不是跌倒，而是从来不敢为梦想而折腾。

你想折腾吗？你愿意去折腾吗？只要你肯折腾，谁都有可能成为了不起的人物，因为人生不会设限，成功没有边界。折腾不是每个人都能成为自己想要的样子，但至少每个人都可以努力成为自己想要的样子。只要你踏出第一步，你就会体会到不一样的自己。

人生犹如一本厚重的书，扉页是我们的梦想，目录是我们的脚印，内容是我们的精彩，后记是我们的回望。不要惧怕路长，也不要害怕孤单，一个人的行程，难免会有很多困难和无奈，不要悲观，也不要绝望，只要不停地折腾，脚下的那些坎坷，可能成为转角处的垫脚石，正好抬高你身体的高度。

有一种折腾叫我愿意，有一种摔打叫我能行，那是因为梦想的动力。不折腾，你永远都是在做梦，不摔打，你永远也长不大。只有敢于去折腾，才有可能把梦想变为美好的现实。在更多的时候，我们不是缺方法，缺的是一往无前的决心和魄力。当你意识到生命有多宝贵的时候，你就会特别珍惜。但珍惜生命最好的方法，并不是一天到晚学养生，而是为了梦想去折腾自己，把自己的生命如火如荼地燃烧透，在折腾中进步，在折腾中成长，在折腾中实现自己的梦想。

你应该去折腾，把有限的时光活出你的精彩，因为生命中你只有一次上场的机会。工作上折腾，就是对梦想的尊重，尊重梦想，就要在折腾中磨砺，在磨砺中前行。

不敢去折腾，就是才华配不上梦想。大事干不了，小事不肯干，不想做手边的小事，只想做天边的大事。但你必须知道，小事不肯干，大事也轮不到你，趁你跌倒还能站起来的时候，请使出你吃奶的劲用力去折腾。

折腾是一种奋发有为的境界，沿着社会的主流方向涌动。敢折腾不一定能成功，但不折腾、不进取你永远不会成功。最大的困扰不是前进路上的折腾，而是后退路上的诱惑。有的人，因循守旧、抱残守缺、按部就班不想折腾，那是因为他们惧怕挑战，恐惧压力。有的人，自己不折腾，还担心别人折腾，认为折腾是徒劳无益，得不偿失。其实，折腾可以改变命运。有的人，本身是穷人，折腾后便成了富人。如果不折腾，一辈子还是穷人，即使折腾错了，大不了还是落个穷。

折腾是一种内心力量的爆发。人要经得起折腾，要愿意去折腾，只有敢于折腾的人，才能超凡脱俗，出人头地。折腾的人，是最有创新意识的人，他们是站在时代前列的排头兵，是时代的弄潮儿。体操运动员在高低杠上折腾来折腾去，天天苦练，天天折腾，奥运会上的金牌饱含着他们折腾的心血。他们不仅是在为自己的梦想，更是为国家的荣誉在折腾。他们在困难与挑战中不断燃烧自己的热情，在工作中尽情体验事业所蕴含的温度与高度，在折腾中不断进取，在折腾中实现自己的目标。

你该不该折腾？你为什么不折腾？你还在等什么？当你越来越靓丽时，自然有人关注你；当你越来越有能力时，自然会有人看得起你。折腾自己，你才有自信，梦想才会慢慢实现。再不折腾，就有负生命给你上场的机会。不要等错过了才悔恨，不要等老了才怀念。

在步入康庄大道之前，总要走过一段崎岖艰辛的道路；在变得熠熠生辉之前，总须经历一段黯淡无光的日子。只要坚信前途的光明，一时的烦恼又算得了什么。再烦，也别忘记梦想；再苦，也别忘记微笑；再累，也别忘记坚持；再难，也不要惧怕折腾。因为梦想还在，就没有永远的失败；折腾靠自己，不成功只是暂时的。不管被命运赏识，还是被宿命淹没，当梦想还在，就要坚定地去追逐，顽强地去折腾。

做最好的自己，成为你梦想中的那个你。每一滴的汗水和泪水，每一丛的荆棘和羁绊，每一次的失败和挫折，都会让追梦的道路充满艰辛。在经历过无数次的折腾后，你才会发现，其实生活的真谛就在这里。不要等夕阳西下时才对自己说，“想当初……如果……要是……”之类的话。

生命的精彩从来不是以什么结局论好坏，不是所有的折腾，都会有一个让你满意的结果，但每一个折腾的过程，都会让你变得与众不同。不为别人，只为做一个连自己都羡慕的人，做一个愿意为梦想而折腾的人，再不折腾，你就老了。

一个无所事事的人，怎么可能获得他人的欣赏？一个贪图安逸的人，怎么可能得到他人的认可？一个不懂得付出的人，怎么可能得到社会的尊重？
如果总是让别人哄着才去做事，请回到你妈妈身边去，长大了再来面对这个世界。

不付出，希望永远是稀奇的妄想

如果你什么都想要，那凭什么不付出？只有付出，才能获得自己想要的一切。倘若一付出，马上就想要回报，那你就只适合做钟点工。不付出，你的未来永远都是一个梦。

不管你昨天怎样低落，总会看见今天太阳的升起；不管你昨天怎么困苦，你总会拥有今天的希望。并非希望离我们太远，只是我们为之付出太少。付出的过程也是一个自我完善的过程。当懂得付出时，你就自然承担了一份应有的责任。

付出是一个积累成长的过程。从懂得付出开始，一天比一天难，可一年比一年容易；若不懂得付出，每一天都很容易，可一年比一年艰难。不付出的人是吃苦一辈子，付出的人是吃苦一阵子。不付出，你的才华配不上你的任性；不付出，你成长的脚步如何赶上父母老去的速度；不付出，世界那么大，你靠什么去看看它的精彩。

如果你决定去做一件事，就不要再问自己和别人值不值得，心甘情愿才能理所当然，理所当然才会义无反顾。一个不愿付出的人，多半是一个安于现状的人，也是一个没有进取心的人。如果你不愿迈开前行的脚步，就无法到达最美的远方。不敢放下眼前的安逸，终究无法得到永久的安稳。如果你一旦给自己设限，你的人生可能就会黯然失色。唯有破除心灵的藩篱，一步步走出自我的小天地，去开拓人生的大舞台，你才能活出精彩。反之，你总是让别人哄着才去做事，请回到你妈妈身边去，长大了再来面对这个世界。如果你不愿意付出、不愿意冒险，你的圈子就会越来越小，你的路就会越走越窄。当懂得付出，你才会珍惜生命所赐予的一切。当愿意付出，你才拥有一份担当。跟雨伞学做人，你不为别人挡风遮雨，别人凭什么把你举在头上。想成功要学会付出，愿付出就要懂得坚持。

不付出，希望永远是稀奇的妄想。舞台再大，你不上台，永远是个观众；平台再好，你不参与，永远是局外人；能力再大，你不行动，只能看别人成功。其实，所有的努力都是为了拥有一个美好的未来。每个人都有一片海，自己不扬帆，没人帮你起航，即使别人帮你起航了，茫茫的大海风雨飘摇，倘若你不掌好舵，那么活海就会变成死海。如果你种下一棵树，自己不付出心血去浇水剪枝，任其疯长，嘉木也会变成朽木。每个人都有一条路，路上的艰辛只有自己知道，不管是直路弯路还是窄路，如果你不敢迈步，谁能替你走向远方。

不是每一次努力都会有收获，但是每一次收获都必须付出努力。你所付出的每一份努力，时光都会在未来的日子里以另一种美好的方式回馈于你。如果你不知道下一步往哪儿走，那就把手头的事情做好。所有你将来得到的，都离不开今天的付出。付出不一定马上会有回报，只要你愿意行动起来，就算结果不好于预期，但努力的过程与学到的经验都是金钱买不到的。不要在忧虑不安中荒废了当下，不要在犹豫不决中错失了此刻，因为这是你唯一能把握改变一切的时机。只要沉下心来，踏稳脚下的每级台阶，做好眼前的每件工作，时间终究不会辜负你的付出。

理想再远大，也要点滴的努力；口号再响亮，也要实际行动。无论你有多么宏伟的规划，多么昂扬的斗志，不付出，终究是竹篮打水一场空。不经一番彻骨寒，怎得梅花扑鼻香。莫扎特说过，“我每天花12小时练琴，人们却用‘天才’两个字掩盖了我所有的付出”，所以你有什么理由不付出呢。天才似乎是天生的，其实更多是后天训练出来的。我认为，成就越大的人付出的比别人要多得多。决定一个人成就高低的，不完全是天分，也不仅仅是靠运气，严格的自律和高强度的付出才是最重要的必然条件。不停地做，重复地做，用心地做，只有辛勤地付出了，才会有不一样的效果。

一个无所事事的人，怎么可能获得他人的欣赏？一个贪图安逸的人，怎么可能得到他人的认可？一个不懂得付出的人，怎么可能得到社会的尊重？要想得到他人的尊重，就得无私地付出。当今，有多少志愿者默默地传递着爱心，有的长年照顾孤寡老人，有的长年资助贫困地区的学生，有的长年驻守在雪域高原保家卫国。他们这些人，不愧为一个高尚的人，一个纯洁的人，一个脱离了低级趣味的人，一个有利于人民的人。他们的付出，是无私的付出，给社会带来了人性的温暖，怎么会不受到人们的尊敬和赞美呢？

在人类的心灵中，有一架分毫不差的天平，它是劳动者的唯一法门。只有付出了血汗，才能得到她的洗礼。贪图别人的劳动所得，将本应属于别人的成果据为己有，那架天平就会失去平衡。自己浇水施肥，种的水果吃起来也会比较甜。越是懒惰无能的人，就越贪婪，总是幻想不劳而获，结果总是一无所获。致富与制胜的法宝，其实只有两样——善于思考的头脑与勤劳的双手，其他的都靠不住。你期望得到什么的时候，就必须先付出什么。世上没有免费的午餐，也不要希望天上会掉下什么馅饼，不要寄希望这样的奇迹会发生在你的身上。踏踏实实地做事，认认真真地生活，你才会有浓墨重彩的收获，幸福的天平才会向你倾斜。

付出是一个快乐的过程，不论结果如何，我们都要学会享受这种快感。如果没有得到自己想要的东西，也许是你还没有付出相应的代价。没有谁的一生是一帆风顺，取得成果就一定要付出，哪怕没有等到收获的那一天。你现在的幸福与成功，就是多少人默默无闻地牺牲、任劳任怨地付出为你换来的。多少人在异地工作，常年忍受着孤独寂寞；多少人日复一日，重复着枯燥无味的操作流程；多少人扎根偏远的山村，下雨没人送伞，开心没人分享，难过没人倾诉。你要记得那些在大雨中为你撑伞的人，你要记得那些用青春守卫边疆的人，你要记得那些辛勤耕耘的园丁、农民，是这些人组成了你生命中的一点一滴，是这些人温暖了你，他们培养了你付出的心态，让你养成了付出的习惯。

是努力了的昨天，贯穿着我们今天的生活，你今天的苦果，也许是昨天的伏笔。每个不曾努力的日子，都是对生命的辜负，当下的付出，才会浇灌出明日的花开。越是黑暗时，越不能熄灭生命的灯盏，越要点亮人生的光芒。你懒惰，再拖延；你等待，再观望，你却不知道今后失去得会更多，你今后的负担会更重，你今后的日子会越来越艰难。每个人都是有潜能的，生于安乐，死于忧患，所以当面对压力的时候不要焦躁，也许这只是生活对你的一点小考验，相信自己，一切都能处理好。人只有付出，才会有丰收的硕果。

我不羡慕别人的收入，因为我知道他日日夜夜的艰辛；也不羡慕别人说走就走的自由，我知道他为这份自由付出的代价；更不羡慕别人不用上班有人养，却不知她在多少个日日夜夜流泪和等待。一切都有代价，无论是财富、事业还是自由，所以不必羡慕，生活不在别处，而在于你付出了多少，就会收获多少。

不要羡慕别人的成熟，那是经历了沧桑换来的；不要羡慕别人的才华，那是自己的努力和付出换来的；不要羡慕别人的成功，那是牺牲了安逸换来的。遇到挫折就开始抱怨，本身就是无能的表现。你可以努力付出，但不可以急于回报。否则，一颗心总是牵挂着结果，反而难有收获的喜悦。你应该关心的是，为了得到你想要的生活，你究竟为之付出了多少？多一份付出，就会多一份收获；多一份努力，就会多一份精彩。用最少的悔恨面对过去，用最少的浪费面对现在，用最多的梦想面对未来，用对明天的殷切希望，来淡化我们今天的痛苦。今天的每一份付出，明天都会有倍增的回馈。趁你现在还年轻的时候，尽你自己最大的努力，努力做成你最想做的那件事，成为你最想成为的那种人，过着你最想过的那种生活。也许我们始终都是一个小人物，但这并不妨碍我们选择用什么样的方式活下去。这个世界永远比你想象中更美好。

我们很难知道前路有多长，也不一定清楚自己究竟要奔跑多久，但迈开大步向前进、拼尽全力去创造，就是对人生最好的馈赠。我们那么努力，不是为了感动谁，也不是为了证明给谁看，或许只是因为不甘心错过绽放的花朵、灿烂的流星，不愿与最好的自己失之交臂。趁着最闪光的年华，努力付出吧。

你能得到多少，取决于曾经付出了多少；你站在什么高度，取决于曾经突破了多大的障碍。决定收获丰瘠的因素，不是这个世界能给你多少，而是你面对机会或困难时，愿意投入的代价有多大。如果你习惯于把计划与投入推迟到明年、后年，那么你将来要付出更大的代价，来维持这个不曾改变的今天和明天。为自己和家人的幸福而努力，为精彩和阳光的未来而拼搏，为自己的选择与决心而喝彩，趁时间与身体还允许向前迈进，不要吝啬你的付出，请珍惜你实现梦想的机会，一切皆有可能。

人生像骑自行车，方向掌握在自己的手中，要用力才能前进，要是没用力也在前进，其实是在走下坡路。一路上会有逆风的时候，也有顺风的时候，全凭自己掌握。所以，你的未来取决于你的现在，你的现在决定着你的未来。

我们最大的悲哀是迷茫地走在路上，看不到前面的希望；我们最坏的习惯是苟安于当下生活，不知明天的方向。人生总有不如意，但那不代表失去希望，就像一场大雨，并不代表会永远失去阳光。不要失去希望，因为你永远不知道，明天会有怎样的惊喜。信心满满地走好脚下的每一条路，你生命中的每一天都会过得很精彩。总有一天，你的努力，会为你证明自己。

立志当立天下志，求名当求万世名。成大事者立大志，唯有立大志者方能干成事。

要想有像红日喷薄欲出的事业，就得有海一样波澜壮阔的胸怀；要想有远大的抱负，就要有海阔天空的豪情满志。

有百年的眼光，就有百年的事业，有千年的视野，就有千年的基业。

立大志者方能干大事

成大事者立大志，唯有立大志者方能干成事。古往今来，蓦然回首，多少有志之士自幼立下大志，心怀远大志向，踏平万千坎坷，用尽毕生精力，终于成就了一番大业。唯有立大志，方能成大器。

志向对于我们来说很重要，因为它决定了你一生的道路。凡是有所成就的人，多数都是从小就胸怀大志。如果你想像雄鹰一样翱翔蓝天，那就要和群鹰一起飞翔，而不能与燕雀为伍；如果你想像野狼一样驰骋大地，那就要和狼群一起奔跑，而不可以与鹿羊同行。大志是目标远大，犹如导航人生的GPS，有个目标一直指引你，潜意识里面也会时刻提醒你，朝目标前进。不同的人有不同的志向，就像登山一样，有的人想登上高山，高山有高山的风景；有的人留恋丘陵，丘陵有丘陵的风光。登高山固然辛苦，只要拥有恒心和毅力，方可如愿。平凡的脚步也可以走完伟大的行程，有志者只有千计万计，无志者只感千难万难。立志贵在坚持，而立大志，莫过于立志成才，成就未来的希望。

成功不是与生俱来的，成功者的光环不是凭空出现的，他们的成功，无一不是经受了寂寞，忍受了煎熬，忘我打拼而得来的。志向远大的人，会拥有积极向上的精神和昂扬的斗志。失败与挫折，暂时的困境，能激发起他们潜在的能量，鼓励他们去克服困难，战胜自我，并最终获得成功。胸无大志的人，常常会被外面的花花世界所干扰，在朝三暮四的动摇与徘徊之中耗费了大好的时光。如果你有创业的远大志向，能够在浮华的环境中静下心来，踏踏实实做好每一件事，那么真正的成功一定属于你。

有人说过，燕雀安知鸿鹄之志。一个人的志向有大有小，大的要像鸿鹄一样，张开翅膀，翱翔于长空，不要像燕雀那样，只是在屋檐下回旋。立志当立天下志，求名当求万世名。立志就要像军人那样，有铁一般的信仰、铁一般的信念、铁一般的纪律、铁一般的担当。男儿有志，志在四方；壮志凌九霄，热血写春秋。

当年，大庆油田会战开始，铁人王进喜发出豪言壮语：宁可少活二十年，拼命也要拿下大油田；石油工人一声吼，地球也要抖三抖。他带领钻井队，以顽强的意志和冲天的干劲，苦干五天五夜，打出了大庆第一口喷油井，为我国石油事业立下了汗马功劳，成为石油工人的楷模。王进喜把自己的追求，放到了生命的制高点，任何困难都无法挡住他前进的步伐。

什么是大志？请读懂王进喜的胸怀里装的是什么；什么是大事？请看懂王进喜的钻井机在干着什么。

成大事者必有天助，天助之者必有大德。小成靠勤，中成靠智，大成在德，终成于道。人若想取得更大的成就，需要以德为先，以德服人。

德高望重的“两弹一星”元勋钱学森和邓稼先，早年留美，学业有成，美方欲高薪聘请两位从事科研。恰逢新中国刚成立，他们报国心切，舍弃优厚的条件，毅然回到了祖国怀抱，从事两弹研发。在国家困难时期，他们一不求名，二不图利。白手起家，自力更生，从设计研发到两弹上天，历尽千辛万苦，穷尽毕生精力，为我国的“两弹一星”事业，立下了卓越功勋。有多少人知道，“两弹一星”这四个金灿灿的大字背后，藏着那么多的难以想象。在当今的人看来，不禁要问，美国那么好的条件，为什么不留下？那时候国家一穷二白，为什么还要毅然回国？在那么艰难的条件下，为什么还能成功发射？

纵观历史，所有对人类历史产生重大影响的人物，无一不是怀有一种令人仰慕的豪情壮志。要想有像红日喷薄欲出的事业，就得有海一样波澜壮阔的胸怀，要想有远大的抱负，就要有海阔天空的豪情满志。没有任何人会随随便便成功。不管什么事情，倘若没有“打不死的小强精神”，倘若缺乏顽强不屈的意志品质，就别奢望成功，更没资格怨天尤人。塑造高尚的情操，以德聚人，以德感人，依赖众人之力铸成大业。

每个人从呱呱坠地那天起，就注定要走一条属于自己的路，有的很漫长，有的很苦短，有人成功，有人失败，还有的大起大跌千转百回。谁不想立志，但立志就要立足现实，在拼搏中靠近，在忍耐中坚持，而不是把它挂在嘴边，夸夸其谈。

要成大事必先从自我塑造开始，提升自我，批评自我，为迎接明天的辉煌作最充分的准备。伟人之所以伟大，是因为他与别人共处逆境时，别人失去了信心，他却下决心要实现既定的大目标。湖南韶山有个滴水洞，滴水洞附近有一条毛泽东小道，当年，毛泽东就是从这条蜿蜒崎岖的小道上去学堂求学的。少年时期的毛泽东，在学堂的河石桥边即兴创作了《咏蛙》："独坐池塘如虎踞，绿荫树下养精神。春来我不先开口，哪个虫儿敢出声？"正是这种豪情和霸气，成就了伟人不同凡响的一生，其豪迈之志令人景仰。青年周恩来曾立志，为中华之崛起而读书。正是这种博大的胸襟和远大的志向，激励着总理为国家和民族战斗一生，鞠躬尽瘁死而后已。

心有多大，天就有多宽。有百年的眼光，就有百年的事业，有千年的视野，就有千年的基业。我们虽不能成为贵族的后代，但可以努力变成贵族的祖先。如果不握紧拳头，你就不知道力量到底有多大；如果不咬紧牙关，你就不知道坚持到底有多狠；如果不跺脚而起，你就不知道决断到底有多正确；如果不瞪眼，你就不知道内心到底有多强大。最强悍的竞争力只有四个字——胸怀大志。

浅尝辄止、安于现状、不思进取的人，不会做出什么大事。一个有崇高目标、期望成就大业的人，总是不停地超越自我，拓宽思路，扩充知识，敞开心扉，希望比周围的人走得更远。著名慈善家邵逸夫先生，在中学毕业时随三哥南下新加坡开拓南洋电影市场。他学历不高，但做事情总有种韧劲儿，不遗余力，毫无懈怠。和每个白手起家的人一样，他从底层做起，一步步做到专业电影制作人，底层经历也使他对电影制作的每个环节了如指掌，无论剧本、摄影还是导演，无论化妆、剪辑还是演员试镜都烂熟于心，更勿论影片推广、发行、剧院管理，都是看家本领。为了了解电影业的发展态势，指定拍摄计划，邵逸夫早晨6点钟准时起床，每天至少要看两三部电影，不分类型，不论优劣，只要是电影就要看，最高纪录是一天9部，一年700部，每日工作时间16小时以上，可谓是看电影最多的中国人。对于自家出产的劣片，毫不手软，一律烧掉，为的是邵氏影业的良好形象，没有好片宁可不出。正因有如此志向，才能达到一般人达不到的高度。这样的人，不愁事业有成，只需要时间来见证。

大厦最终的高度并不是依靠后天添加的水泥和钢筋决定的。相反，最基础的地基优劣才是决定高楼大厦是否永远矗立的关键。世上本没有天才，但世上之所以有些人变成天才，有些人变成废才，变成废物，只是因为他们各自的志向和付出的努力不同。人的一生中，你求上，有可能居中；你求中，则有可能居下；而你若求下，则未必入流。所以，从人生起步的那一天开始，就必须立志高远。要学雄鹰展翅飞，莫效燕雀安于栖。

理想和追求越高远，实现的目标就越宏伟；思维和智慧越高远，创造的价值就越高尚；信念和意志越高远，赢得的成就越丰硕。无论你是立志成为一名学识渊博的科学家，还是一名如蜡烛般燃烧着的教师；无论你是立志成为一名务实清廉的公务员，还是一名保家卫国的军人；无论你是立志成为一名救死扶伤的医生，还是一名为国争光的运动员。不论是什么样的选择，你都要勇于拼搏，不要贪图安逸，向你的理想目标迈进。

借用左宗棠的一句话，发上等愿，结中等缘，享下等福，择高处立，寻平处住，向宽处行。立大志，成大事，心态平和，与人方便，与己方便。成大事者，要高瞻远瞩，有战略眼光，不贪图眼前利益；要克制欲望，心平气和才能走得更远。只要你的志向崇高而远大，只要你付出了足够的努力和不懈的拼搏，你的人生就会变得更加充实富足，灿烂辉煌。

真正的绝望是内心的迷茫，强大的人不是征服什么，而是能承受什么。
你不在绝境中发迹，就在绝境中沦落，你不在调整中重生，就在困局中徘徊。
你如果在逆境中选择了随波逐流，那么你就会在绝境中陷入折戟沉沙。当绝望光顾了你，不要心存恐惧，绝望的隔壁就是希望。

在绝望中寻找希望

每晚我们都会上床睡觉，虽然没人能确保我们次日会醒来，但我们依然调好闹钟，以便唤醒自己起床。这是什么？这是希望。人生一世，谁都难免会遇到一些挫折，甚至陷于绝境。当你似乎走到山穷水尽绝望的时候，离成功也许仅一步之遥。你是失声痛哭，彻底放弃？还是努力抗争，积极面对，去寻找通往希望之路，从而在绝望中寻找希望？

强大的人不是征服什么，而是能承受什么。一些事情，只有经历过了才能明白其中的道理。生活有时候真的是那么糟糕，你想要什么但总会事与愿违，你不想要什么它却总会如期而至。生活就是这样，好事多磨，烦心的人躲也躲不掉，绝境的事跑也跑不了。往往只有破釜沉舟才能背水一战，不经风雨，怎么才能见彩虹，不经数九严寒日，哪得傲骨山春晖。

世上本没有绝境，只有对绝境产生绝望的心。再绝望的绝境，都只是一个过程，都有结束的时候。当绝望来临时，坦然无惧地接受它，即使当下极其痛苦，甚至失去了自我。绝望并不可怕，可怕的是失去勇气和激情，历经绝望但不要被绝望吞噬。相反，你要战胜它，如同战胜黑暗，迎接光明一样。美国发明家爱迪生，从小家境贫寒买不起书，买不起做实验用的器材，他就到处收集瓶罐。一次，他在火车上做实验，不小心引起了爆炸，车长甩了他一记耳光，他的一只耳朵就这样被打聋了。生活上的困苦，身体上的缺陷，并没有使他走向绝望，反而他更加勤奋好学，终于成了一位举世闻名的科学家。其实，在绝望中寻找希望，才是值得体验的一种人生。

美国作家约翰·肯尼迪·图尔终于完成了长篇小说——《笨蛋联盟》。尽管他对自己的这部作品非常满意，非常有信心，但命运却无情地嘲弄了他。他带着自己的作品四处奔波，结果却遭到许多出版商的拒绝，一直无法出版。精疲力竭的图尔失望至极，实在无法忍受不能出版的打击，最终饮弹自尽，结束了年仅32岁的生命。

他在临死之前留下了悲观厌世的遗言："我不仅对自己的作品绝望了，而且对整个社会也绝望了，像我这样绝望的人，也许只有一条路可以选择，那就是尽快死去，以摆脱这绝望的厄运。"

约翰的母亲，当时已经是79岁的老人，她忍着失去儿子的巨大悲伤，叩开了一家又一家出版商的大门，尽管还是遭到了一家又一家出版商的拒绝，但她始终坚信：儿子在写作方面是个天才，儿子的作品是伟大的。

老人坚持不懈地继续与出版商联系，用自己笨拙的语言一次又一次地试图说服出版商。在约翰去世十周年之际，在经历了无数家出版商的断然拒绝之后，《笨蛋联盟》这部作品引起了当时的著名小说家沃西·珀西的关注，并将其推荐给路易斯·安娜出版社。《笨蛋联盟》终于得以出版问世，并很快在广大读者中引起了轰动。

当媒体记者采访约翰89岁的老母亲的时候，她说了一句发人深思的话：“在绝望中寻找希望的过程，使我认识到——人生最大的破产是绝望，人生最大的资产是希望。”

当然要从绝望中看到希望不是一件容易的事，没有良好的心态，没有坚强的信心，人的眼睛就会迷惑，人的头脑就会僵死。

绝处逢生不是奇迹，而是人自身努力的结果。背水一战中，如果韩信不将汉军处于前临大敌后无退路的绝境中，汉军就不会有拼死一战的决心，也不会战胜赵军。当一个企业面临破产、一个家庭面临离散的时候，如果企业看不到转换经营机制、输入新鲜资本的必要性，家庭看不到双方的差别和优点，那么这个企业和家庭就没有希望。这要依靠企业家的良好的心理，夫妻双方的互谅互让的品德，企业和家庭才可能起死回生，走出绝境。

人在最深的绝望里，往往看到的是最美的风景。从绝望中看到希望如同柳暗花明又一村。绝境不过是暂时的柳暗，身处绝境不能绝望。真正的绝望是内心的迷茫，有许多事情不是因为难以做到才让人们失去信心，而是因为失去了信心才让事情变得难以做到。人一旦绝望就会丧失信心，使自己处于由命运摆布的境地。要走出绝境需要依靠自己的智慧和坚强的信念，不要轻易说放弃，获得重生往往是支撑坚持到最后的人。我还有一个苹果，这就是我们心存希望。命运不是上帝安排的，而是掌握在自己手中。

通常，每一个内心强大的人背后要么有一个让他成长的人，要么有一段让他大彻大悟的经历，或者是一种把自己逼到绝境最后又重生的蜕变过程。当面临绝境时，逃避、灰心、放弃，只能将自己逼上绝路。没有退路的时候，正是潜力发挥最大的时候。没有辛苦，哪来的收获；没有磨难，哪来的荣耀；没有挫折，哪来的辉煌。跌倒了不要紧，爬起来继续风雨兼程。征途上挺起胸膛，一直往前看，不要让过去的失误，成为明天的包袱。无论成败，我们都有理由为自己喝彩，乐观自信，且歌且行。所以我们要坚信上帝在为我们关闭一扇门的同时，一定会给我们开启另一扇窗。

从绝望中看到希望这也是一种明智的心态转化。希望就是光明。春暖花开，面朝大海，这又是一种宽阔的心境。有了这种宽阔的心境，我们的胸怀就不会狭隘，就能容纳更多的不幸和磨难。一旦遇到绝境，就多了一种重生的希望。

其实，生活中我们会遇见各种各样的挫折，会一次次地失望，甚至渐渐绝望。如果要战胜挫折，我们就要像井底的驴一样，将我们遇到的困难死死地踩在脚下，变被动为主动，将遇到的每个困难化为成功路上的垫脚石，化绝望为希望。人生活在困苦中不可怕，窘迫的生活不可怕，灵感和信念的堵塞也不可怕，真正的可怕是一颗绝望的心。绝望，这个词让人看了就有一种无助的感觉。然而，世上没有绝望的处境，只有对处境绝望的人。回避不是办法，只有挑战才有出路。昂扬向上的人，能从绝境中捕捉飞逝的机遇；消极颓废的人，只会在绝望中堕落沉沦。我们须从内心的奋斗开始，矢志不渝地去前行，物我两忘地努力，绝境会被我们甩在身后。当绝望光顾了你，不要心存恐惧，绝望的隔壁就是希望。

与其羡慕他人优秀，不如自己奋斗不止；

与其羡慕他人坚强，不如自己百炼成钢；

与其羡慕他人成功，不如自己厚积薄发。

不吃拼搏的苦，就会流生活的泪。

2

第二章

世上所有的坚持，都是出于热爱

做一件事并不难，难的在于坚持；坚持一下也不难，难的是坚持到底。坚持是为了努力到达理想的彼岸，半途而废却永远只能在岸边徘徊。所有成功背后都是痛苦的坚持，所有的坚持都是傻瓜般的不放弃，只有经历最痛苦的坚持，才配得上最长久的拥有。

世上所有的坚持，都是出于热爱

我以为，世界上没有什么可以取代坚持。才华不行，那些才华横溢的没有成功的例子数不胜数；天赋不行，没有人能够聪明到不费吹灰之力就能成功；教育依然不行，这个世界到处都是教育失败的产物。唯有坚持，你就可以无所不能。

能够到达金字塔顶端的只有两种动物，一是雄鹰，靠天赋和翅膀飞上去；一是蜗牛，靠耐力爬上去。因为向往登临塔顶的成就感，以及到塔顶看风景满满的愉悦，雄鹰和蜗牛都做到了。不过，在常人的眼里，蜗牛的成就似乎会更加让人敬佩。每个坚持都是成功的积累，别用自己的时间去见证别人的成功。

生活中，我们要学会坚持。做一件事情，你坚持了三天，那是心血来潮；你坚持了三个月，那是刚刚上场；你坚持了一年以上，那才算得上事业的开始。成功的结果人人想要，成功的路人人想走，但不是人人都能坚持走完。人生路上，难能可贵的是坚持到底，令人惋惜的是半途而废，半途而废却永远只能在岸边徘徊不前。最终的胜利，往往就在再坚持一下的努力之中。只要你不退缩，希望的曙光，终究会为你升起。

我觉得，坚持有三种境界。第一种是在外力刺激和诱惑驱动下的坚持；第二种是在无比顽强的毅力下支撑的坚持；第三种是与生俱来或发自内心的那份热爱。无论是哪一种，只要我们能真正领悟择一事终一生的匠人精神，你将会把不可能变为可能。

在我看来，世界上所有的坚持，都是出于一份热爱。做一件事并不难，难的在于坚持；坚持一下也不难，难的是坚持到底。

坚持有时候是一个痛苦的过程，尤其是在我们还看不到实际成效的阶段。在坚持的过程中，我们可能会遇到挫折，遭受身体和内心的双重煎熬，会遭受到他人的质疑和白眼，甚至会怀疑自己当初的选择。不可否认，不是每个人都能够坚持到终点，很多人就倒在最后一公里。黎明前往往是最黑暗的时候，咬紧牙关，想想已经走过的路，奋力攀过最后一座大山，希望之光终会在天空闪耀。

每个人都有自己的潜能。当你坚持不住的时候，想想这一句话，人都是被逼出来的。想想关心自己的人，想想自己已经付出过的努力，想想自己放弃之后要承担的更加难过的后果，想想如果坚持下来美好的一切，想想你最想得到的东西，想想你当初是为什么要开始。成功没有什么秘诀，要说有的话，就只有两点，第一点是坚持到底，永不放弃；第二点是当你想放弃时，请回头来对照着第一个秘诀去做，你一定能成功。

航天员景海鹏，大家都非常熟悉。作为中国飞天次数最多、时间最久、里程最远的航天员，他说过这样一句话：说句心里话，我非常热爱、非常喜欢、非常享受我的工作。从入选中国首批航天员到首次飞天的10年间，景海鹏从来没有在晚上12点之前睡过觉，也没有耽误过一天训练。坚持、坚持、再坚持。他说，没有捷径，坚持是我唯一的选择。时隔八年，景海鹏三度飞天，这在中国航天员中尚属首位，在中国航天史上留下了浓墨重彩的一笔。

一家杂志社做过一次调查问卷：你一直坚持热爱的事情是什么？坚持了多久？结果，得出一个结论：一万小时定律。说的是不管你做什么事情，只要坚持一万小时，基本上都可以成为该领域的专家。在这个喜欢休闲和旅游的时代，喝下这碗心灵鸡汤，劝劝自己，为热爱的事情花上一万小时吧。不管是工作、生活还是个人兴趣，总有一款适合你。坚持以后的收获，除了当初希望得到的经济、物质乃至名誉以外，那些附加的光环，也似乎会变得唾手可得。

有这样一群人，过着我们难以想象、不敢想象的生活：当你走进一家脑瘫康复医院，面对一群举止怪异的儿童，他们走路时手舞足蹈，他们看人时眼睛斜视，还时常歪着嘴巴流口水，那一幕幕你看上去很凄凉、很悲戚。然而，这就是事实，来这里的人全都是需要做康复治疗和训练的。他们的病情已经成为事实，唯有积极乐观地面对，坚韧不屈，才可能会有好的治疗效果。在这里，每一天，父母都与孩子们一起坚持。千百万次的训练，只为了有希望过上更好一点的生活。因为热爱生命，即使再难也要笑对，即使再苦也要坚持，这就是他们对残酷命运最好的回击方式。

也许我们很贫穷，我们很艰难，但即使这样，即使生活再不公平，因为热爱生活，也丝毫阻挡不了我们追逐梦想的热情。面对那些一直与命运战斗从未放弃的人，我们再也没有理由怀疑生命，因为有些人连活着都觉得是一种奢侈。

对于生命，我们应该有更强烈的感知，应该相信每个人都可以创造奇迹，每个人都可以成为自己想成为的那个人。

如果热爱一件事情，如果做到精致，或许会有不一样的天地。当我们把自己热爱的事情，做到了连自己都感动不已的时候，那么所带来的，除了享受，还有非同凡响的影响力。

如果你热爱一件事情，就抛开一切地、没有任何杂念地，就是一个心思，一定要把这件事情做得日臻完美，做到连自己都无法挑剔。那么，当坚持到这个程度的时候，你就会把我们的热爱真切地做到极致，你所需要的，都会在无心插柳中相随而至。正是由于多年的苦心积累，用心耕耘，才造就今日的看似毫不费力。

排队的时候你会发现一个规律，另一排总是动得比较快；当你换到另一排时，你会发现你原来站的那一排就开始动得比较快了；你站得越久，越有可能感觉自己是站错了排。这就是神奇的盖菲定律。所以，不让自己后悔的最好办法，就是坚持。坚持你人生梦想而不去张望别人并受之影响，不必这山望着那山高，坚持自己当下的选择，不犹豫、不浮躁，不忘初心，恪守定力。

生活也是经常充满戏剧性。有时候，当你坚持了自己最不想干的事情之后，往往会得到意想不到的东西，相比你的初心与初愿，这些收获显得更为珍贵。坚持不住的人，最终只好被逼出局。记住，只要努力，就会有不一样的天地；唯有坚持，才能看到你想要的奇迹。惊喜总在风雨后，古往今来，有多少人怀着远大的抱负，刻苦努力，却因缺少坚持这最重要的一笔而与成功擦肩而过。

来到这个世上，命运注定了我们必须要努力，要奋斗，要坚持，要勇敢地走下去，走出属于自己的路，没有人能不劳而获。

马云这样说过，今天很残酷，明天很残酷，后天很美好，但是绝大多数人都死在明天晚上，见不到后天的太阳。的确，在奋斗的路上，我们需要不断地坚持。虽然说有时坚持会让人感到茫然。因为我们不知道这条路的长度，路途的另外一头是什么，甚至有可能是一条漆黑的路，看不见出口，看不到希望。这时，我们需要学会给自己灌输正能量，鼓励自己，坚定信念，坚持一下，再坚持一下，或许就会看到出口的阳光。

成功的道路并不拥挤，因为坚持的人太少；有些事情，我们不是看到希望才坚持，而是坚持了才有希望。如果你想要有一番作为，必须选择一条适合自己性格的跑道，即那条终生可以为之奋斗的跑道。所有成功背后都是痛苦的坚持，所有的坚持都是傻瓜般的不放弃，只有经历最痛苦的坚持，才配得上最长久的拥有。

人生不是一次短暂爆发的突击赛，而是一场比拼耐力的马拉松。短暂的激情满满也许能成就一场突击，但完美收官一次马拉松，需要的一定是恒久如常的坚持。在日复一日中坚持进取，时间一定会给你想要的答复。

机遇就像一扇迅速旋转的门，当那个空当转到你面前时，你必须迅速挤进去，否则就会被拒之门外。

抓住机遇最好的办法，就是每天激情澎湃地工作，把每个环节当作机遇，别让机遇从你身边悄然溜走。

机遇永远是留给有准备的人

每个人都渴望成功，有的人能抓住机遇扶摇直上，而有的人在决策的重要时刻，却屡屡错失机会。为什么呢？我认为，有些事不要等，等就是迟到。万事俱备，东风也不一定来，这叫等待机遇；东风来了，如果毫无准备，这叫错失良机。很多事，还没发生，其实早已开始。机遇就像一扇迅速旋转的门，当那个空当转到你面前时，你必须迅速挤进去，否则就会被拒之门外。

机遇是为有准备的人留下的，你不能把握机遇，却可以掌握自己；你无法预知未来，却可以把握现在。抓住机遇最好的办法，就是每天激情澎湃地工作，把每个环节当作机遇，别让机遇从你身边悄然溜走。只有当机立断的人，才能在关键时刻抓住机遇，走向卓越；凡事犹犹豫豫，当断不断，只能错失机会，遗憾终生。

真正抓住机会的人，往往是提前看到了未来。与其眼睁睁看着机会溜走后怨天尤人，不如在平日里打磨自己、提升能力，以最好的姿态迎接任何可能的机会。身处一个焦虑且快速的时代，我们很多人怕走弯路，怕付出了得不到回报。可是，谁的人生不是由无数的弯路，再配以数不清的直路组成的呢？人生没有白走的路，每一步都算数。我们需要做的就是，脚踏实地地前进，把弯路走稳了，将直路走直了。别让怕走弯路的胆怯，让你丧失了出发的勇气。

在我看来，同样的事物，有人看到的是怀疑，有人看到的是机遇。我认为，人生最大的浪费往往是惧怕困难，犹豫而不敢尝试。山不转路转，路不转人转，只要心念一转，逆境也能变成顺境。有时候拐个弯，绕一绕，何尝不是一种机遇呢？水能直至大海，就是因为它巧妙自如地避开所有障碍，不断地拐弯前行。人也是如此，遇到挫折，无须悲观失望，不要停滞不前，我们要像那些蜿蜒的河流一样，把走弯路看成是前行的另一种形式，唯有如此，最终才会抵达人生的目标。许多人之所以没能走上成功之路，就是因为撞了南墙也不回头。

在这个世界上，没有人会直接给你荣华富贵，只会送你机会和平台。在你的职业生涯中，会面临一系列的选择，每一次的选择都将是一次机遇。机会是谁给的？机会不都是你自己给的吗？你若连自己都不给自己机会，谁可能给你机会。如果你不知道自己要去哪里，那么你哪里也去不了。如果站在十字路口，你想快速到达终点，就要选准一条自己的路。如果没看清方向，也没认准目的地，那么，哪一辆出租车、公交车都无法载你，你只好在十字路口犹豫徘徊。

人生最可悲的是，遇良师不学，遇良友不交，遇良机不抓。机遇无处不在，但机遇又像闪电，只有快速果断才能将它捕捉。当机遇来临时，没有穷人与富人之分，只有先知与后觉之别，只有抓住与放弃之叹。多数人往往对已经失去的机遇捶胸顿足，却对眼前的机遇熟视无睹。善于把握机遇的人，只要你能不失时机地充实自己，完善自我，也就能成就自己。

有时候，我们本来有很多机遇，问题是你有没有去争取，有没有去把握。争取的人会竭力争取，千方百计想办法。不去争取的人，理由不多借口多，办法不多困难多。在事业上，那些觉得没有起色的人，恐怕失掉了一些能让自己有起色的机会；在婚姻上，那些觉得没有找到结婚对象的人，恐怕失去了一些情投意合的机缘。究其原因，是你没弄清自己到底想要什么，想把握什么。其实不要把机遇看得那么神秘，有时候做你想做的事，尽心尽力地把它做好，这也许是把握机遇的最好手段。不要仰天长叹，明智的选择是思考一下自己为之付出了多少，而不是想得到了多少。只有这样，你才可能把握机遇，才不会与幸运失之交臂。

机遇孕育着挑战，挑战中孕育着机遇。机遇往往带着困难而来，不要惧怕困难。消极的人，在机会面前想到的是困难，积极的人，在困难面前去追寻着机遇。困难似弹簧，你弱它就强。没有人会喜欢困难，但困难总是在你无可奈何的时候迎面走来。挫折经历得太少，才会觉得鸡毛蒜皮都是烦恼。只要你心中点燃光明的火炬，只要你朝着更美好的方向去追求，困难总会迎刃而解。

困难的事，往往是机遇所在，机遇往往伴随着困难到来。对待困难的态度远比困难本身的分量更重。当你一开口就讲到困难，机遇已经远离你；当你一付出就想到回报，成长开始远离你；当你一心盯着个人的利益，前途已经远离你。当困难来临时，用微笑去面对，用智慧去解决，就像流水那样，前面是网就渗过去，前面是坎就漫过去，前面是山就绕过去，前面是闸门就等待时机冲过去。

谁都不缺少机遇，缺的是把握机遇的勇气。机遇常常被认为是送给那些有备而来的人，但从竞争的角度看，每一个困难的背后，都是你脱颖而出的舞台。

人生就像一盘棋，布满了惊险，也布满了转机。陷入绝境往往是你思维判断的失误，也是你调整正确思路的开始。你不在绝境中发迹，就在绝境中沦落，你不在调整中重生，就在困局中徘徊。

自古英雄多磨难。一个平凡的人，想成为时代的英雄，是挫折和磨难使然。因为英雄和平凡人的区别就在于，英雄在逆境中抓住了背后的机遇，在绝境中创造了奇迹。而平凡人在逆境中选择了随波逐流，在绝境中陷入了折戟沉沙。

我们身边机遇很多，由于你的疏忽和被疏忽，从而让机遇从眼皮子底下溜开。借一双慧眼，对周围的事物多多观察，多多思考，看上去即使不起眼的小人物、小生命、小事件，也会对你有启迪。

机遇就是这样，可能很多人都觉得是机遇的时候，那不一定是机遇，也可能是危机。机会天天都有，机遇难得一遇。机遇似乎是个多元概念。不同的人，有不同的认知；不同行业，有不同的差异。农村的孩子有机会考上大学，可能改变命运。如果没有上大学的机会，也有其他生存之道。考上大学的命运与没有考上大学的命运，在未来其他机遇中的差异，难以料定。不管怎么说，机遇不是生活的唯一，但唯一的机遇可以改变人的命运。我们平常所说的机遇，指的是在被人看不懂、看不起、不想做、不敢做的时候，往往这才是被忽略的机遇。

这个改革开放的社会，从来不缺乏机遇，而是缺少抓住机遇的手。即使一个曾经弱势的人，经过努力，也可能会成熟并强大起来。没有人能偷走我们的信心，更不能淹没我们自有的才华；没有人能夺走我们坚守的决心，更无法阻挡机遇降临在我们面前。

人的潜能是可以挖掘的，当你说太晚了的时候，一定要谨慎，它可能是你退却的借口。不去做就永远不会有收获，不尝试就永远不会有惊喜，不前进就永远停留在现在。没有谁能阻止你的步伐，除了你自己不想迈开双腿。机遇是靠自己把握和努力争取的，相信永远比怀疑多一次难得的机遇。该把握机遇的时候，千万别对自己手软。机遇一到，该出手时就出手。

许多人之所以没能走上成功之路，就是因为撞倒了南墙也不回头。挫折经历得太少，才会觉得鸡毛蒜皮都是烦恼。

只要你心中点燃光明的火炬，只要你朝着更美的方向去追求，困难总会迎刃而解。

困难是用来挑战的，挫折是用来战胜的

人生的每个阶段都会遇到不同的危机，困难是人生的财富。少年的困惑，青年的坎坷，中年的无奈，老年的失去，我们都会一一经历。当你回首往事，你会发现，那些让你终生难忘的经历，都蕴含着困难中的挑战和挫折中的战胜。那些困难与挫折，小到一道难解的算术题，弄得焦头烂额，最终灵光一现，豁然开朗，那种挑战困难的高兴劲儿，甭提多

美了；大到十年寒窗，高考落榜，情绪低落，心意彷徨。最后静下心来一想，人生千条路，条条通罗马。这点挫折算什么，生活就是这样的，不可能每件事都非常完美，但是不完美的事情是为了以后的完美而做铺垫的。坦然面对每一次缺憾，满怀信心地迎接下一次挑战。

在成功挑战之后，谁不想欢呼雀跃？未经历坎坷泥泞的艰难，哪能知道阳光大道的可贵；未经历风雪交加的黑夜，哪能体会风和日丽的温暖；未经历挫折和磨难的考验，哪能体会到胜利和成功的喜悦。当一切都成为过去，回头看来，才发现每一次的挫折都是你成长的阶梯。

挫折使人痛苦，却很少有人利用挫败的经验修补自己的生命。如果你想过普通的生活，就会遭到普通的挫折。你想过上最好的生活，就一定会遇上最强的伤害。这世界很公平，你想要最好，就一定会给你最痛。在生活磨难面前，精神上的坚强是我们抵抗罪恶和人生意外的最好武器。人生的磨难是很多的，所以我们不可对每一件轻微的伤害过于敏感。

人不仅活得要像钻石一样闪亮，还要像钻石一样坚强。人生就是一个磨炼的过程，如果没有这些酸甜苦辣，你永远都不会成熟。现实生活中，有人总是想逃避工作中的困难，避开困难的事，幻想不费吹灰之力，想啥就能得到啥，想暴富就一夜暴富，想成名就一举成名。请问，这可能吗？仔细想想，这幻想不就成了痴心妄想了吗？有捷径走向成功固然可喜可贺，但大凡成功的人，真的有捷径可走吗？回答是否定的。找到一条成功的捷径，可以平步青云，结果走的大多是一条弯路。他们总不理解，正是由于没有捷径可走，坚持到最后的少数人才得以成功。

在人生的舞台上，无论是谁，都不可能永远是鲜花坦途，总会有荆棘坎坷。失落时，多提醒自己望一望前方的路，因为前方的路上永远充满着希望；得意时，别忘了提醒自己看一看脚下的路，因为脚下时常藏有绊脚石。身处顺境时，我们居安思危，路才长久；身处逆境时，我们坚守希望，才能走出困境。谁都会遇到困难，谁都会遇到挫折，生命的这条长河，有些暗礁和险滩是绕不过去的。但无论有多大风险，我们都要告诉自己，咬紧牙关，挺直腰杆，藐视困难，胜似闲庭信步。

历史是勇敢者创造的。遇到困难，不要埋怨自己，也不要指责他人，更不要放弃信心，而是要一起来挑战困难，把困难踩在脚下，你才会站得更高。当你真正从困难中走出来的时候，就已经拥有了飞翔的力量。古今中外的成功人士都是在饱经困难和磨难之后，才能够成就一番伟业。提到史蒂芬·霍金这个名字，想必全世界的人都不会感到陌生。霍金13岁时，已下定决心要从事物理学和天文学的研究。17岁那年，他得到了自然科学的奖学金，顺利入读牛津大学。学士毕业后他转到剑桥大学攻读博士，研究宇宙学。不久，年仅21岁的他发现自己患上了会导致肌肉萎缩的卢伽雷病，遇到了灭顶性的灾难。医生曾诊断身患绝症的他只能活两年，疾病使他的身体严重变形，从此不能行走，只能靠轮椅生活，可他一直坚强地活了下来。尽管他也曾经绝望过，但最终还是选择了顽强，继续自己的研究。到了1970年，他已因手术彻底丧失了语言能力，只能借助语音合成器来与他人交流，这对于一个天才的科学家来说意味着什么，可他又一次选择了隐忍，选择了顽强，坚持自己的科研，乐观处世，并和彭罗斯证明了著名的奇性定理，在1988年荣获沃尔夫物理奖，至今仍奋斗在物理学最前沿，不断有新的成就。这是什么精神？这是什么境界？而就在2016年，这个当代物理学大咖开通了微博，评论里的人都是一副难以置信的样子，一时间掀起了又一股“霍金热”，网友们纷纷翻出他的影视资料，发现霍金不仅绝顶聪明，而且风趣幽默，乐观开朗，仿佛他的躯壳只是怕他过分优秀才禁锢住他，而那些挫折磨难都是为了使他超越极限而设置的关卡罢了。无论身处绝境，还是罹患疾病，你对过去已然无能为力，但在当下，你的未来并不那么渺茫，只要你努力，坚信自己，人生往往柳暗花明。

无独有偶，像霍金一样身残志坚的还有我国著名科学家、科普作家高士其先生，他笔下的科学小品语言生动、活泼形象，把许多科学现象用浅显易懂的方式解释出来，尤其为启发青少年对科学的兴趣做出了极大的贡献。1927年，当他从芝加哥大学获得学士学位并准备报考化学系研究生之际，他的姐姐突然因病去世，他便决定转入医学研究院攻读细菌学。不料，在一次研究脑炎过滤性病毒的过程中，瓶子破裂，病毒侵入他的小脑，导致终生残疾，不幸遭此厄运，但他还是坚持了下去，读完了医学研究院的博士课程。回国后，他依旧凭着这副半瘫的躯体进行创作，当别人问他苦不苦，他笑道："不苦，因为我每天都在斗争，斗争是有无穷乐趣的。"没有谁的一生注定是悲剧，除非你把自己摆错了位置。现实中，有的人受了挫折便一蹶不振，有的人却一次次地挣扎起来，把身后那些抱怨哀叹的声音甩掉，笔直前行，这就是人与人境界的不同。

人们之所以称之为困难，是因为在经历的过程中，人的身心总是受着煎熬。有时身体上的疲劳或许还可以忍受，但内心的困倦却总是令人不堪一击，于是很多人就退却了。实际上，这些困难是在锻造你的意志，磨炼你的心智。正如一位将军所说：“那些未能将我置之死地的事，会使我变得更有力。”古人云：“天将降大任于是人也，必先苦其心志，劳其筋骨，饿其体肤，空乏其身，行拂乱其所为，所以动心忍性，曾益其所不能。”所有的困难和挫折都是用来被战胜的，就像小孩子们喜欢玩的电子游戏，过了这一关就能获得更强的能力，以使自己有更多资本来通过下一关。人生又何尝不是一道道关卡？每次战胜困难，都是对自己的鼓舞，经历得越多，你就越强大。

我们无法选择回去的路程，但是要清晰地面对已经造成的挑战。要相信只要努力去挑战，自己一定会成功。国际超模华莉丝·迪里是一位非洲传奇女性。她幼小时就惨遭玷污，以及被残忍割礼。12岁时，父亲为了五头骆驼，硬把她嫁给了一个60岁的老头子。后来，她在母亲的帮助下逃婚，赤脚穿过危机四伏的沙漠。几经险阻逃到了英国，当了一名童工，其艰难困苦可想而知。在后来的日子里，她遇到了一位摄影师，也就是她生命中的伯乐，由此命运改变，成了一名艳惊四座的超模。1997年，正当她的事业如日中天时，却毅然作出惊人的选择，选择远离鲜花与掌声，投身反割礼运动，并参与成立多个慈善团体，被誉为“非洲女权斗士”。她所经历的磨难，不仅使她的命运发生了改变，更使她以自己为首，让她所经历的不幸不再从更多人身上重演。相信所有的人都明白，她的光彩不仅是外表上的美。这种大起大落的人生、大慈大爱的情怀令人为之感叹，令人为之折服。

垂下的头颅，只是为了让思想扬起，你若有一个不屈的灵魂，脚下就会有一片坚实的土地。当困难出现，应当勇于挑战；当挫折来临，应当敢于直面。或许不可能每个人都能最终战胜，但无论成败与否，困难挫折都会使人成长。随着年龄和阅历的增长，大家都会明白一个道理：遇到困难，迎难而上；遇到挫折，决不退缩；遇到危难，敢于拼搏。人生最困难的时候，也许正是转变的时候。那些曾经的苦难，必将成为最宝贵的回忆。

大多数人总是拿“顺其自然”来敷衍人生道路上的荆棘坎坷，却很少承认，真正的放弃，其实是竭尽所能之后的不强求，而不是两手一摊的不作为。

不要在自己还可以争取的时候选择了放弃

勇于争取是人生的一种明智，敢于放弃更是生活的一种睿智。争取或放弃就是一个加法与减法的过程，是人一生中都要面对的问题。懂得如何取舍和选择，是一门高超的艺术。

既然选择了，我们就应该去争取，在没有试过之前，先不要说自己不行。你没有经历过，又怎么知道自己能走到哪一步？不主动去争取，怎么知道自己不行？如果你连争取的勇气都没有，即便你行，也失去了用武之地。无论是谁，做任何事，都要有一颗平常心，脚踏实地，别好高骛远，这山望着那山高。事在人为，只要你认真地做下去，久而久之，是骡子是马，你心里清楚，别人也看得明白。如果你真的行，你会更有信心，百尺竿头更进一步；如果你真的不行，不要灰心也不要泄气，前面的路还很长，行不行还得坚持走下去。

前面的路，走下去了就是神话，放弃了就是笑话，这个道理听起来简单，但很多人做不到，就是因为他们犹豫的选择、错位的放弃、盲目的争取。这路，到底怎么走，能走多远，要心中有数，脚步不能游离，否则会错失美好的风景。无论你是争取还是放弃，决定权就在自己手中。你不走下去，谁会陪你原地停留？假如自己没有打算，即使有人想拉你一把，都不知道你的手放在哪里。

不管发生什么事，都要有定力，坚定不移地走下去，肯定会看到不一样风景。也许不是你本来想走的路，也许不是你本来想登临的山顶，可另一条路有另一条路的风景，不同的山顶也一样会有美丽的日出，不要总流连不舍哪一条路。

只有把命运掌握在自己手中，敢于去争取，才能找到生命的闪光。该争取的时候放弃了，后悔莫及；即将放弃的时候又争取了，就等于增添了一种新的希望。习惯了放弃，借口就越来越多。大多数人总是拿“顺其自然”来敷衍人生道路上的荆棘坎坷，却很少承认，真正的放弃，其实是竭尽所能之后的不强求，而不是两手一摊的不作为。不是井里没有水，而是挖得不够深；不是成功来得慢，而是放弃得太快。这一秒不放弃，下一秒就会有希望，打开最关键的那扇门，往往就是最后的那一把钥匙。

每个人都曾有过这样艰难的时刻，感觉全世界都像在抛弃自己。事实上，真正能帮你的人也只有你自己。再坚持一下，眼前看似可怕的困难都会变成过眼云烟。想赢，就一定要跑得比别人久，如果你能一直待在场上，而不被淘汰，那么时间一久你就有机会胜出；想赢得胜利，你需要比别人更努力，才有可能超越那些跑在前面的人。跑得快，不如跑得久，一时的输赢不代表永远的输赢，跑得久的人才有可能赢得最后的胜利。

每个人努力奋斗都是为了让家人和自己能有更好的生活，如果不想过连自己都看不起的生活，那就拿出你的决心，去争取一把。也许有一天，在殚精竭虑时，你得到了曾经想要得到却一直没得到的尤物和精品，只有在这个时候，你才会感受到曾经的坚持是多么重要。成功的感觉虽然只有那么一点点，但不管什么时候，它总是异常珍贵。

人生在世，常与得失相伴，并在不断取舍过程中学会争取与放弃。当然，不属于自己的东西，千万不要去强求，要学会适时地放弃，将过去抱得太紧的人，怎么能腾出手来拥抱现在？我们努力地想去拥有更多的精彩，可惜只有两只手，所以必须学会选择，学会放弃。如果心的欲望太大，什么都想抓，可能最后什么也抓不牢。从高处俯视自己，你会看清一些你曾经拼命争取的东西，其实一点也不重要。放弃有时也是一种选择，因为放弃比争取更困难，转身寻找另一个为你开放的天窗，在那里，也许你同样能望见满天的星斗。盲目地争取不如理智地放弃，苦苦地挽留夕阳是没有必要的，长久地感伤春光也是不理智的。什么也舍不得放弃，往往容易失去更加珍贵的东西。适时放弃是一种智慧。它会让你更加清醒地审视自身内在的潜力和外界的因素，会让你疲惫的身心得到调整，成为一个快乐明智的人。适当的时候，给自己一个机会，学会放弃，才有可能获得。

生活有时也在于不断做减法，过了时的衣服、乱七八糟的票据、不健康的垃圾食品，以及无用的社交。如今的朋友圈，已经与往常大不一样，当你各方面的能力不足以支撑自己的社交的时候，你应该主动放弃那些无用的社交，把时间与精力都节省下去，去做那些可以提升能力的事情。

作为一名家长，如果要求你的孩子所有的功课和特长都学到登峰造极的程度，这就是不现实的，而且是完全没有必要的。相反，如果他在学习中找到了童年的乐趣，那么长大以后一定会热爱学习。在他们没有成年时，帮助他们选择适合他本人的，有利于发展的，放弃那些无用的和徒劳的想法，能做到这些，你才称得上是最冷静的舵手，你才有资格为他们选择人生的方向。

学会争取和放弃，不仅是一种能力，而且应该成为一种习惯，不在毫无希望的事情上浪费时间，这才是一种智慧的体现。生命只有一次，背负不了太多的行囊，果断地放弃一些，是面对生活面对人生的一种清醒的选择。放弃了包袱才能轻装上阵，一路高歌；放弃了烦恼才能走出困扰，才会倍感绚丽富有的朝气。

学会放弃，在落泪之后转身离去，留下简单的身影；学会放弃，将昨天埋在心底，留下最美好的回忆；学会放弃，明天才有一个更轻松的开始，遍体鳞伤的记忆，不一定真的会刻骨铭心。

争取的时候放弃了，是一种无奈，放弃的时候争取了，是一种重生。在人生的道路上，谁都有撑不住的时候，谁都有扛不下的时候，向生活低头却从未害怕，向现实投降却从未放弃。低头不是认输，要看清自己的路，仰头不是骄傲，要看到自己的天空。你给世界一个什么姿态，世界将还你一个什么样的人生。只要我们敢于选择、勇于面对，信心是永不放弃的召唤，争取是迈向成功的必然。

强者不是没有眼泪，而是含着眼泪依然前行。因为，眼泪只能让人怜悯，不能换来真金；可怜只能让人轻视，不能赢得重视。

谁不是一边受伤，一边成长；谁不是一面流泪，一面坚强。人生说到底，百般的滋味要自己尝，难言的苦痛要自己扛，落下的风雨要自己挡。你不勇敢，谁替你坚强？

强者不是没有眼泪，而是含着眼泪依然前行

强者不是没有眼泪，而是含着眼泪依然前行。因为，眼泪只能让人怜悯，不能换来真金；可怜只能让人轻视，不能赢得重视。每个人的背后，都有别人体味不到的辛苦；每个

人的心里，都有旁人无法感受的难处。有些苦，无人知晓；有些痛，无从谈起；有些事，无可奈何。谁不是一边受伤，一边成长；谁不是一面流泪，一面坚强。坚强的外表下，隐藏着不能说的心声；微笑的表情下，掩饰着不可露的心情。微笑并不一定表示你是快乐的，我们总是把最灿烂的笑容展示在人前，总是把最落寞的心痛掩埋在身后。流不出眼泪的心最痛，难以言说的苦最难扛。路一步一步地走着，留下的脚印自己最清楚；事一点一点地做着，其间的艰辛自己最明白。你走得累不累，脚知道；你撑得难不难，肩知道；你过得好不好，心知道。一个人强大并非看他能做什么，而是看他能承受什么。人生说到底，百般的滋味要自己尝，难言的苦痛要自己扛，落下的风雨要自己挡。你不勇敢，谁替你坚强？

世上有两种人，一种是强者，一种是弱者。强者给自己找挑战，弱者给舒适找借口；强者用汗水磨砺自己，而弱者用眼泪安慰自己。强者之所以强，是因为超越了平凡，战胜了困难。强者更强，是因为在坚持中变得坚强，把坚强变成了坚韧。很痛却不喊，很累却不说，并不是没感觉，也不是没知觉，痛的时候，没人懂，喊出来又何用；累的时候，没人扶，说出来又怎样。有苦却不说，有泪却不流，并不是不想说，也不是不想流。生活里，苦的时候很多，把泪悄悄咽下，生命中，哭的时候不少，把苦轻轻隐藏。有时候人们哭泣并不是因为软弱，而是因为他们坚强了太久。真正的痛苦是没有人替你分担，怎么走出阴影，只有靠你自己。没有突破，是因为你一直很舒服；没有壮大，是因为你没有摔打；没有变强，是因为你缺少对手。累就对了，舒服是留给庸人的。苦才是人生，累才是工作，干才会拥有。

当不够强大的时候，你想要一个小小的机会都没有；当足够优秀的时候，你的面前会有一万个机会，挡都挡不住；当牛逼冲天的时候，你想要的一切，都会主动来找你。你的实力本身就是吸引力，当你很弱的时候，你在人群中黯然失色，自然没有人会关注你。好强的人，总是努力提升自己，让自己变得更强。只有自己强大了，才有无限的可能。

生命中有一条很长很美的路，叫做梦想，还有一堵很高很硬的墙，叫做现实。翻越那堵墙，叫做坚持；推倒那堵墙，叫做突破。在人生的道路上，打破的不是现实，而是思想，是自己的观念。在人生的跑道上，真正让你倒下的不是对手，而是那绝望的内心，在人生的跑道上能够战胜对手的是有力量的勇士，但能战胜自己的才是真正的强者，战胜对手只是赛场的赢家，战胜自己，才是命运的强者。

我认为，强者有三个基本条件，最野蛮的身体，最文明的头脑和最不可征服的精神。一个真正的强者，不是摆平了多少人，而要看他能帮助多少人，成就多少人，凝聚多少人。能帮助别人，这是德；能帮到别人，这是能，有德有能的才是强者。未来的世界，一定不会属于那些面目狰狞、尔虞我诈的人，而是属于那些共享善良、共存正义的人。

一个真正的强者，不会随便把自己的伤口给别人看，因为他根本不在意别人是给他上药还是撒盐，而是夜深人静了把心掏出来自己缝缝补补，完事了再塞回去，睡一觉醒来又是信心百倍。撑不住的时候，可以对自己说“我好累”，但永远不要在心里承认说“我不行”。你永远不知道自己有多坚强，直到有一天“除了坚强你别无选择”。

一个真正强大的人，不会把太多心思花在取悦和亲附别人上面。我没有雨中的伞，自己双手撑起天；我没有很多的钱，自己赚钱有尊严；我没有背后的山，自己抵挡做靠山。所谓圈子、资源都只是衍生品，最重要的是强化自己的内功，砥砺自己的品行，才会有别人来亲附。自己是梧桐，凤凰才会来栖息；自己是大海，百川才来汇聚。你只有到了那个层次，才会有自己的气场，而这个气场影响自己也影响他人。

谁也无法预知未来，很多事情可能一等再等，就成了永远。想做的事，就赶紧做，不要给自己留下太多的遗憾。每天醒来，都要比前一天更强大，直视自己的畏惧，擦干自己的泪水。自己选择的路，跪着也要把它走完，当眼泪流尽的时候，留下来的是坚强。

所有的胜利，与征服自己的胜利比起来，都是微不足道；所有的失败，与失去自己的失败比起来，更是微不足道。对于强者而言，失败是成功的又一个开始，而对于弱者来说，失败是没有希望的终结。不拼，怎么知道不行；拼了，才知道自己真的能行。艰辛算什么，因为我们还活着。要敢于背上重负，要敢于背上超出自己预料的包袱，拼搏之后，你会发现自己比想象得强大很多。

真正的强者不是流泪的人，而是含泪奔跑的人，当你一无所有时，勇气是你唯一拥有的力量。不要轻易暴露内心的脆弱，学会承受应该担当的一切；不要轻易述说生活的狼狈，学会面对杂乱无序的现象；不要轻易虚度每一天的光阴，因为那是你余生中的第一天；不要轻易向困厄妥协，因为那是你必经之路；不要轻易向压力屈服，因为它让你哭，你要在坚持中让自己笑。只要我们敢承担、不回避、够坚强，人生就不会苍白。

做人当自强，自己强，比什么都强。自己不是相信自己比别人强，而是相信自己能变强。脚下的路，没人替你决定方向；心中的痛，没人替你敷药疗伤。自信自强，魅力就会闪光。强者把每一次的挫折，都当成了锻炼的机会，想常人不敢想，做常人不敢做；斩断退路，把自己逼上悬崖。即使无人鼓掌，也要含泪坚持，奋力一搏。停下来休息的时候，别忘了别人还在奔跑。

人生须自强，无论你睡多晚，总有人比你更晚；无论你起多早，总有人比你更早；无论你多努力，总有人比你更努力；不管你多辛苦，总有人比你更辛苦。世上没有不辛苦的事，也没有不辛苦的人，所以坚强是唯一的选择。有时的确很累，累得真想放弃，但一旦放弃，我将一无所有。累的时候告诉自己，我不能倒下，因为我没有依靠。想想家中的父母，也要挺住，告诉自己，这不算什么，再累也不能放弃，想想自己和自己身后的那些亲人，如果放弃得太早，你就永远不知道将错过什么。有时候，你会觉得特别艰难，上帝也许在给你准备惊喜。如果你感觉走起路来很费劲，说明你正在走上坡路，容易走的都是下坡路。坚强的人，都是在风雨中含泪奔跑的人。累不累脚最懂，苦不苦心知道，在执着中锻打坚韧，在坚韧中书写执着。坚韧是通向成功的渡船，是一切有志之士必不可少的品质。谁想夺得人生征途的最后胜利，谁就得凭借坚忍不拔的意志，顽强地拼搏到底。决定成败与否的关键，往往不在于力量的大小，而在于力量的持久；不在于能使多少劲，而在于能坚持多久。

你自己不想倒，别人推你是推不倒的；你自己不想起，别人扶你是扶不起的。一个人躺在地上，如果他不想起来，即使扶起来了，也会马上趴下，所有的动力都来自内心的沸腾。面对困难，咬牙挺住；困难压顶，绝不低头。

内心强大，人生就会底气十足。不攀比，是因为我有我的追求；不抱怨，是因为我有我的格局；不计较，是因为我有我的胸怀。与其仰视别人，不如充实自己；与其讨好别人，不如自己做主；与其逃避现实，不如笑对人生；与其听风听雨，不如昂首出击。珍惜靠自己，别人也无法挥霍你的青春；一路走来靠自己，没谁能够陪你走到底。

人，是活给自己看的，别奢望人人都懂你，别要求事事都如意。苦累中，懂得宽慰自己，没人心疼，也要自爱，没人鼓掌，也要飞翔，没人欣赏，也要芬芳。相信人生不会亏待你，你吃的苦，你受的累，你掉进的坑，你走错的路，都会练就独一无二自强的你。

真正的成功，不是赚了多少钱或者做了多大的官，而是有一天，你除却这一切身份标志的时候，还有人愿意对你微笑。
人格才是你最硬的底牌，放纵自己的行为，迁就自己的过错，就会失去做人的尺度。做人不成功，成功是暂时的；做人成功，不成功也是暂时的。

只有做人成功，才是真正意义上的成功

成功是我们每个人都追求的目标，但什么才叫成功呢？每个人都会有自己不同的解释。但在我们这个提倡树立正确价值观的时代，不少人衡量成功的主要标志却还是和金钱、地位、名利联系在一起。一个人，只要在这几方面风光无

限，就会被认为是成功人士，然而这些都不是真正的成功。我认为，真正的成功其实是做人的成功。什么叫做人？宁可吃亏，也不辜负人心。不会为了金钱泯灭了自己的良心；不会为了利益，欺骗了他人的信任。只有做人成功，你才能成为一个真正有思想有灵魂的人，成为一个有精神境界的人。

生活中常有一些人，虽然风度翩翩、仪表堂堂，但他们追求起物质利益不择手段，为了自己的个人利益可以求荣卖友，可以寡廉鲜耻；甚至为了金钱泯灭了自己的良心，为了利益欺骗了他人的信任，把自己的享受建立在别人的痛苦之上；还有一些人唯唯诺诺、见风使舵，为了攀上高枝，不惜以出卖人格，向世俗献媚，不知人间有羞耻二字。这样的人也许在生活中能获得一些世俗的利益，但这能叫作成功吗？即使他们到了令人瞩目的位置，有一般人无法企及的奢华享受，但由于他们的人格不值一提，不能说他们是成功者。

一个人真正的资本，不是美貌，也不是金钱，而是人品。好人品是一个人最宝贵的财富，它构成了人的地位和身份，它是一个人真正的最高学历，是每一个人的黄金招牌。人生有尺，做人有度，我们掌控不了命运，却能掌控自己，不求生命辉煌，但求无悔人生。有的人捞到了一官半职，便举杯庆贺、志得意满；有的人在某种机遇中获得了一些财富，便财大气粗、不可一世；有的人在跟对手的交锋中取得胜利，便为自己的成功扬扬自得；有的人在发表了一两篇文章后，便以文人的姿态张狂于世；有人在和别人交往时，占了点便宜，便为自己的小聪明沾沾自喜。地位是脚下的台阶，并不是你真正的高度，一个人之所以能对别人指指点点，通常不是因为他比别人高明，而是彼此之间所处的位置不同；很多人的成功或失败，与本身的实力无关，而是缘于游戏规则的不平等，有的人站在山顶上，有的人站在山脚下，虽然所处的地位不同，但在两者眼中所看到的对方，却是同样大小，人与人能和谐相处的前提，就是忘记自己的身份。高升时要善待位低于己者，因为下来时还会再见到他们。凡此种种，这些人，其实是肤浅的人。他们的眼光，只能说是鼠目寸光，他们的成功也只能说是暂时的成功。

那什么才是真正的成功呢？我觉得做人的成功才是真正的成功。有的人死了，他还活着，历史上很多人物被我们铭记于心，都是因为他们做人的成功。雷锋仅仅只有23年的生命旅程，但他在平凡的岗位上助人为乐，全心全意为人民服务，他把有限的生命，全部投入到了无限的为人民服务当中。毛主席号召学习雷锋好榜样，他助人为乐的品德，受到了全国人民的尊敬和爱戴。雷锋做人的胸怀和格局，就是他做人成功最好的诠释。雷锋做人的高度，代表了一个时代做人成功的高度。

而有另外一些人，不能说没有名气，然而，由于他们在人生的重要关头，不能战胜自己的私欲，尽管在某一方面小有成绩，但最终因为人格的缺憾，被历史钉在了耻辱柱上。

一个有德之人，他的才能会给社会带来更大的福祉；而一个有才无德之人，如果把他的才用到不当之处，给社会带来的危害会更大。因此，从某种程度上来说，德比才更为重要。

全国支教模范、中国消除贫困贡献奖获得者白方礼老人，由于祖辈贫寒，从小没读过书，13岁便出来打工，后来逃难到天津，流浪几年后当上了三轮车夫。2005年的某一天，93岁的他静静地走了，无数活着的人，在口口相传中记住了这一位蹬三轮的老人。正是这位靠蹬三轮成为劳动模范的人，一直让人惦记着。每一个见过白方礼的人，都会心酸一阵子。他一年四季从头到脚穿的总是不配套的衣衫鞋帽，那都是他从街头路边或垃圾堆里捡来的。他靠着蹬三轮挣钱养家，不仅供4个子女上了学，还帮助青年守寡的姐姐生活，资助侄子也上了大学。74岁高龄的时候，他决定把蹬三轮挣来的钱，拿来帮助更多上不起学的孩子，直到去世。18年间，他捐款35万元，为300多个大学生送去了学费和生活费。

这位在物质生活上把自己压榨到最低点的老人，却把能量释放到了最大限度。他的可支配财产与他做人的品格相比，看上去简直是无法相提并论。可在他去世时，5路公交免费送市民到他的追悼仪式现场，见过的没见过的人们，都发自内心地怀念这位辛劳一生、奉献一生的老人。白方礼的名字，一时间成了朴实无私的代名词。越来越多的人，受到老人的影响，也开始把手里的闲钱投入到慈善中，这难道不是比财富和权力更高的成就吗?

能够和一个能让你变得好的人在一起很重要，能够和一个能让彼此变得更好的人在一起更重要。华为总裁任正非曾说，他天天思考的都是失败，对成功视而不见，也没有什么荣誉感、自豪感，而是危机感。他说，失败这一天一定会到来，大家要准备迎接，这是他从不动摇的看法，这是历史规律。华为有多牛？全球已经有超过20亿人每天使用华为的通讯设备，即使在4G技术领先的欧洲，华为也有过半的占有率。华为究竟有多大？任正非的身价究竟有多高？华为的体量相当于当今中国互联网最挣钱的BAT的总和。华为可以做到不上市、不融资就有如此业绩，因为他融的是员工的心。试问，和员工一起加班，打地铺睡办公室，像这样的世界级大型企业的掌门人，除了任正非，还有谁可以做到?

对于一家企业来说，创始人的人格魅力有多高，往往就代表了这家企业的发展潜力有多大。事业越大，心态越淡定，任正非常说，脑袋对着客户，屁股对着领导。任正非的低调和平常心，是一般人不可理解的。按照任正非这样的身份、地位，他完全可以选择助理、保镖前呼后拥、走VIP通道、豪车接送，可72岁的他，还经常深夜独自在机场打车回家。在华为，明文规定严禁讨好领导。他认为，大部分公司腐败，就是因为员工讨好主管、讨好领导，而不把主要精力用来服务客户。他明文规定，禁止上司接受下级招待，就连开车去机场接他都会被他痛骂。任正非的思维和格局，成了华为企业文化的重要内涵。正因为如此，华为可以凝聚人心，这就是华为成功的秘诀。成功的人成千上万，真正能做到像任正非这样货真价实的成功人士，当下又有多少？

做企业也许只要三五年就可以有所建树，可是成功做人，就需要我们穷尽一生的努力来学习和实践。人的两种力量最有魅力，一种是人格的力量，一种是思想的力量。品行是一个人的内涵，名誉是一个人的外貌。做人德为先，待人诚为先，做事勤为先。在成长的路上或是人生任何时刻，都需要不断地去校正自己的律行，让自己以善美的心姿融入生活的舞台，赢得他人的信赖与尊重。

成功的人一般能和周围的人融洽相处，会得到社会的认可，因此有更多的发展机会。困难面前先让自己承担，荣誉面前先让自己靠边，危险面前先让自己闯关。对上级不媚，对同级不损，对下级不伪，对自己不私。这样的人，一定会得到更多的帮助和回报。真正的成功，不是赚了多少钱或者做了多大的官，而是有一天，你除却这一切身份标志的时候，还有人愿意对你微笑。

人格如金，纯度越高，品位越高。做人一辈子，人品打底子。道德可以弥补智慧上的缺陷，但智慧永远弥补不了道德上的遗憾。人格才是你最硬的底牌。小事看态度，大事见担当；细节看品位，危难见真情；人前看背影，人后见人品。说话让人喜欢，做事让人感动，为人让人想念，这就是做人的崇高境界。

一个人一时成功，可能取决于聪明的才智；但一生的成功，一定是做人的成功。成功不是做多大，而是做多好；成功不是看别人的脸色做事，而是把握好做人的尺度行事。一个人的成就，不是以金钱衡量，而是一生中，你善待过多少人，有多少人怀恋你。人生有尺，做人有度，我们掌控不了命运，却能掌控自己，不求生命辉煌，但求无悔人生。放纵自己的行为，迁就自己的过错，就会失去做人的尺度。做人不成功，成功是暂时的；做人成功，不成功也是暂时的。

自信不是相信自己比别人行，而是相信自己一定能够行。站在树枝上的鸟儿，从来不害怕树枝断裂，它相信的不是树枝，而是自己的翅膀。越是别人瞧不上，你就越要自信；越是别人打击你，你越要相信自己。要像石灰一样，越是别人泼冷水，越要沸腾起来。

人的高度是自信撑起来的

人的高度是自信支撑起来的，没有自信心，你的内心就不会强大。有时候，你相信什么，就会来什么，这叫心想事成；你怀疑什么，就不来什么，这叫两手空空；你抱怨什么，就越来什么，这叫怕什么来什么。不自信的人，内心普遍比较脆弱。在我们身边，需要突破的，往往是自己内心的堡垒。我们要想跟上时代的潮流，都离不开自信的推动。自信，就是打开城门的金钥匙。

自信与坚强同行。自信往往使平凡的人变得不平凡，坚强往往使不平凡的人变得出类拔萃。胆怯和意志不坚定的人，即便有出众的才干和天赋，也终究难成大业。只要你相信自己能做成的事情，经过一番努力，一定能够成功；反之，不相信能做成的事情，你会优柔寡断，退缩不前。一个人事业的高度，不会超出他自信以外的高度。无论做什么事，坚定不移的自信力，都是达到成功所必需的重要因素。

每一份坚持都是成功的积累，只要相信自己，总会遇到惊喜。每个成功的人都曾在他们的生活里彷徨过、失意过、呐喊过，但他们选择了相信自己，摒弃了一切外在的纷扰，从未放弃对理想的坚持。自信的人，即使看不见远方，但是他心中有远方的模样；即使看不到希望，但他知道，只要努力就会慢慢地靠近梦想。每一种生活都有各自的轨迹，记得肯定自己，不要轻言放弃。每一个清晨都是希望的开始，学会鼓励自己，展现自信的魅力。一个缺乏自信的人，是没有未来的，他的前景会很迷茫，他的意志会不坚定，他的精神也会很颓废。

自信给人以力量，让你在跌倒后有重新爬起的勇气；自信给人以快乐，让你在黑暗中看到光明的希望；自信催你奋力一搏，让你走向成功的终点。有时候，我们觉得自己很失败，什么都做不好，于是自我怀疑、自怨自艾。可这样的状态不仅于事无补，还会让你日渐消沉、丧失斗志。所以，任何时候都不要怀疑自己向前走的能力，相信自己，才能走得更加坚定。

自信是一种良好的心理素质，站在树枝上的鸟儿，从来不害怕树枝断裂，它相信的不是树枝，而是自己的翅膀。当你面对困难与失望的时候，最重要的是要瞧得起自己，抬头做事是一种勇气，低头做人是一种底气。

不少人都知道，有一个故事叫《哥德巴赫猜想》，准确的说是一道尖端的数学难题，解题的人叫陈景润。他一辈子集中精力，专心致志，劳其筋骨，穷其智慧，终于摘取了哥德巴赫猜想王冠上的明珠。自信很重要，他有自信；坚持很重要，他有坚持；恒心很重要，他有恒心。他的数学演习草稿，装满了几麻袋，这就是他成功的结晶。

很多时候，我们不是欠缺成功的筹码，而是欠缺自信。所有的路，只有用脚丈量才知其远近和曲折。敢走出第一步，并坚持下去，就是一种魄力和勇气，认为自己不行，也许你就真的永远不行了。

自信不是相信自己比别人行，而是相信自己一定能够行。如果一个人连自己都不相信，还能指望别人相信你吗？具有强烈自信心的人，不仅能够承受各种考验、挫折和失败，还能时刻让周围的人感受到一种积极的力量。不管走到哪里，他们都能聚集强大的人气，能够带领团队创造一个又一个辉煌。

有自信心的人，不会刻意去巴结谁，不会总是委屈自己去迎合谁。他会把宝贵的时间用来完善自己，提升自我，丰富自己远比取悦他人更有分量。种下梧桐树，自有凤凰来；春暖花开，蝴蝶自来。在郁郁葱葱的草原上，肯定会有一群骏马任你挑选。

不要在别人的眼光里寻找快乐，不要在别人的嘴巴里寻找尊严。要真心爱自己，做自己的主人，人生因为自信而自在。要会用心地去经营自己，把它体现在自己的思想与涵养上。自信是安静的，你不再担心别人听不到你的声音；自信是谦卑的，你记得自己卑微的开始，也会明白总有提升的空间；自信是慷慨的，即使自己胜利了，也充分尊重对手，欣赏对方，也不吝啬为对手鼓掌。

自信是成功的起点，坚持是成功的支点。最使人颓废的往往不是前途的坎坷，而是自信的丧失。前进的理由往往只有一个，后退的理由却会有无数。当都在说放弃的时候，你要坚定地告诉自己，再试一次。路上有一百个障碍，就给它一千个跨过去的技巧。找这样那样的理由来说明自己不是懦夫，不如用一个理由来证明我是勇士。

当你一无所有时，勇气才是你值得拥有的力量。你不付出，没有人替你使劲，越是别人瞧不上，你就越要自信；越是别人打击你，你越要相信自己。要像石灰一样，越是别人泼冷水，越要沸腾起来。

人无论身处逆境还是顺境，都要保持一种乐观进取的心态。少年壮志不言愁，是青春的自信；纵死犹闻侠骨香，是壮士的自信。然而，抬得起头，不是盛气凌人，也不是傲视一切，而是谦逊待人，平等处事；不是以己之长，比人之短，而是，正视自我，见贤思齐；不是因己之拙，忌人之能，而是，自知之明，后发赶超。

信心源自内心的一种自信。信心十足的人，有一种坚强的意志力，能够鼓足勇气，排除万难，去赢得胜利。许多人之所以失败，究其原因，不是因为无能，而是因为不自信。苹果最闪光的一刹那，就是幸运地砸在牛顿头上。相信自己有的是机会，说不准下一个被砸的就是你。

一个自信的人，总是有足够的勇气，去克服那些可以预见和不可预测的困难。不要让那些微不足道的情绪来影响你，不要让那些暂时的麻烦缠着你，不要让那些坑坑坎坎阻碍你，摒弃一切干扰，抬起你的脚步，勇敢地攀登，你会发现山顶上那些更重要的东西。也许你从来没有登山，但你心目中一定要有座高山，它激励你一直往上爬，它使你徘徊的时候向前看，它使你疲倦的时候有动力。

自信是一个人最重要的品质，就像一只在暴风雨中飞翔的海鸥，面对闪电和雷鸣，它喜欢说，让暴风雨来得再猛烈些吧。人生的路曲折而艰辛，要相信自己就是最棒的。当你能把自己感动得要哭了的时候，你的自信一定会超越自己。

成功的人在总结中找教训，失败的人在教训中找理由。成功者克服万难，失败者被困难吓倒。成功者只在问题的背后找答案，失败者永远在答案的背后找问题。成功者永不止步，止步者难以成功。

每一个失败的标志都意味着通向成功

没有偶然的成功，也没有必然的失败。成功与失败，往往取决于你的态度。失败者无志常立志，成功者有志志不移。失败者围绕困难转，成功者跟着目标行。失败者看不到希望就放弃，成功者看不到希望也在准备。

在许多人眼里，成功是个遥不可及的梦想，比登天还难。然而并非如此，在很多时候，成功并不像想象得那么难，甚至可以说很简单。成功者未必有多好的天赋和运气，他们只是对自己要求更高，也更用心地去待人做事。天长日久，就与普通人拉开了差距。别把成功看得太复杂，否则会阻碍你前进的脚步。

成功者克服万难，失败者被困难吓倒。成功的人，绝不是坐等奇迹发生。他们知道，任何奇迹在发生之前，必须要经历一番磨难。你不主动去争取创造，只有呆望着别人成功。如果你一味地放弃，最终会一无所有；坚持很难，但一定会有所收获。成功不是因为太阳走你也走，而是在太阳下山的时候，你仍然在行走。成功者只在问题的背后找答案，失败者永远在答案的背后找问题。凡事找到方法去解决者，成功的机率就大；凡事找借口推脱者，成功与你基本无缘。

很多人佩服马云的商业头脑，然而这样一个创立互联网商业帝国的他，却曾因为数学不及格两次遭遇高考滑铁卢。他的英语成绩非常出色，然而数学却惨不忍睹。老师和父母都不再对他的数学成绩抱有任何希望，甚至在第三次高考前，他的老师还断言他不可能及格。但他并没有被击垮，一直到考试当天的早上，他还在背10个基本的数学公式，在考试时一个个地套用，争取每一分能拿到的分数。最后，他拿了79分，终于考上了大学。

人生的路上，其实有两件事最值得骄傲，一件是从成功中走出来，一件是从失败中站起来。人是一种有习惯性弱点的动物，一旦你开始为自己的失败找理由，有困难就逃跑，这将会成为你另外的一种本能。换句话说，如果你总是坚持让自己扛过苦难，那你最终才能够苦尽甘来。世上最成功的那些人都不惧怕失败，甚至把失败看作是人生的必经之路。中国第一次载人航天飞行，引起世人的注目，尽管技术过硬，但毕竟是第一次，能否成功发射，安全回落，这无疑是一个悬念。经过千百次的实验，已经做到了万无一失，没有人怀疑不成功。这种成功并非偶然，是在无数次失败的经验中创造出来的必然。

一位毕业于中国人民大学的研究生，名校背景、硕士学历，这使她有些心高气傲。然而，她自信满满的第一次求职，便遭遇了淘汰，而且是在最后关卡，输给了一位普通的大学毕业生。一个月后，她又参加了一家知名外资企业的面试，没想到的是，人家不管你是名校不名校，是不是名校研究生，人家只按照企业的要求招聘自己需要的人才，她再一次被淘汰。此后，她又经历了二十几次求职经历，也都是铩羽而归。一次又一次求职失败，肆意地凌辱着她的傲气。有一天，她在书店无意中看到一本书，这是一本引导求职者如何求职成功的书籍。她忽然意识到，有很多书都是在传授成功的秘笈，却极少有人坦诚地叙说失败的真实感受。顿时，她灵机一动，何不将自己求职失败的故事写下来，一是自我反思与顿悟，摆正自己做人的姿态，同时，也给同龄人带来一些有价值的启发。于是，她开始在博客上讲述自己的求职故事，果然，这引起了许多人的共鸣，浏览量迅速增长。她的博客，很快被某网络公司人力资源主管注意到，最终被该公司高薪录取。这就是最失败的成功者——《我为什么没有拿到offer的十个故事》的作者，她叫李璞璘。中国每年几百万大学生面临着毕业和求职，不少人好高骛远，不切实际，错过了一次又一次的工作机会。李璞璘从失败到成功的故事，值不值得回味与深思？

没有什么成功是一蹴而就的。稍有努力得不到回报就怨天尤人、自暴自弃，这是错误估量了成功背后的代价。只有学会不求短期利益回报，持之以恒做好每一件事，才有可能在长期成功的路上走得更远、更稳健。

一块石头想变成一尊佛像，需要经过千雕万刻才能成型。而人呢，同样需要经过千锤百炼才能成钢。至于失败，可以看作成功路上的标志，每一个失败的标志都意味通向成功。许多的失败，并非是我们想失败，而是我们不懂得失败。一路走来，风风雨雨，起起落落，高高低低，坎坎坷坷，没有足够的经验应对千变万化。有时候，把失败归罪于不懂，有点差强人意。客观地说，我们懂得很少，不懂得太多。如果我们懂得多了，就意味着经验丰富了。经验丰富了，就意味着失败会远离而去。所以我觉得，大凡成功者就得赴汤蹈火，历经九九八十一难，取得真经，方成正果。

失败就是成功的首付，半途而废就连首付也将付之东流。每个人的一生，难免都会遭遇挫折和失败。所不同的是，失败者总是把挫折当失败，每次都被挫折打击他取胜的勇气；成功者则是从不言败，在一次又一次挫折面前，总是对自己说，我不是失败了，而是暂时还没有成功。法国小说家凡尔纳，被誉为“科幻小说之父”，是世界上被各国翻译的作品最多的作家之一。他的作品风格独特，对后来的许多科幻作品都有举足轻重的影响。他的第一部科幻小说《乘气球五周记》曾遭遇了15次退稿，他一怒之下，险些烧毁了这些手稿。关键时刻，他的妻子劝慰他不要灰心，再试一次。终于，在第十六次尝试之后，他得到了出版社的肯定答复。出版社决定立即出版，并与凡尔纳签订了为期20年的合同。如果在第十五次被退稿时选择了放弃，如今就不会有《海底两万里》和《八十天环游地球》等脍炙人口的科幻小说经典。人无法预知未来，如果轻言放弃，怎么知道你放弃的下一次不会改变自己的命运呢？

人的一生，要面对无数次尝试与错误，一次失败不代表你就出局了。人生最大的遗憾，莫过于轻易放弃了不该放弃的。成功的人之所以成功，靠的是实力，靠的是洞察力；失败的人之所以失败，是因为一开始就抱着侥幸心理。一个暂时失利的人，如果继续努力，打算赢回来，那么你今天的失利，就不是真正的失败。相反地，如果你失去了再战斗的勇气，那就是真的输了。人可以失败，也可以从失败中站起，但是，你一定要记住，决不能习惯失败。因为，你要知道身体的疲惫，不是真正的劳累；精神上的疲惫，才是真正的劳累。真正的绝望，也不是无路可走，而是内心的迷茫。要明白，路是自己选的，就得自己走下去。不要总幻想着一步登天，只要每天进步百分之一，那就是成功的积累。

那么，这里有人便要反驳了，我没有放弃，一直在努力，为什么我还是没有收获，还是如此平庸？单单是努力还不够，一条路走错了，无论走得多坚定，也是徒劳的。努力需要讲究方法，打拼需要掌握技巧，不是一味地付出和透支，就能换来最好的自己。当你失败的时候，也请千万别破罐破摔。

失败并不可怕，可怕的是没在失败中攒到成功的资本。失败之所以有价值，是因为它能够为人指明哪条路是不该走的。如果能感悟到为什么会失败，能把成功的资本赚回来，那这个意义和价值就非同寻常。虽然磨炼的过程有痛苦，但这痛苦能使我们的头脑清醒开化，耳聪目明，这就是常说的吃一堑长一智。请记住，不是每一次出发，都能成功到达，但只要终点不变，保持乐观向上，你一样可以用别的方式抵达。

成功的人在总结中找教训，失败的人在教训中讲困难。记住，不要向卖菜的打听，哪个水果好吃；不要问骑自行车的人，宝马好不好开。成功也需要天时地利人和，用错误的方式寻求错误的人的帮助，只会得到错误的结果。成功者一定有方法，失败者一定有原因。多为成功找方法，别为失败找理由。许多人没有成功，不是因为行动前没有计划，而是缺少计划前的准备措施。工作生活中，小事情做好了，就有办法对付大困难；小问题解决了，就有经验绕开大麻烦。有许多事情，不是因为难以做到才让人们失去信心，而是因为失去了信心，才让事情变得难以做到。

人生没有真正的绝境，视挫折为资本，才会摘取成功的桂冠。不是每一次播种，都会有所收获，耐心是改变命运的最快速度，急于求成是成功的大敌。罗马不是一天建成的，所有的成功都需要铺垫，失败就是你人生高楼的奠基石。爱迪生为了给电灯寻找最合适灯丝的故事，连小学生都知道；小仲马收到一封封言辞礼貌却冰冷无趣的退稿书，仍然没有自暴自弃，直到世界文学名著《茶花女》轰动欧洲文坛；史泰龙在500家影视公司先后共计碰壁1849次，才获得主演《洛奇》的机会。

失败不可怕，可怕的是失败后丢失了继续向前的勇气；没有哪一条路能够确保一路畅通，没有必要因此丢了每一次尝试的机会。前方的路始终要继续，每一次跌倒后的重新站起来，都会让人变得越发坚强。成功者永不止步，止步者难以成功；从失败中崛起，便是成功的开始；沉溺于功劳簿，最终将以失败告终。没有人在乎你的落魄，没有人在乎你的低沉，更没有人在乎你的孤单，但每个人都会仰视你的辉煌。天空不会因为一个人的眼泪而布满乌云，世界更不会因缺少谁而失去色彩，除了成功，拿什么证明你的价值。

过去的习惯决定了你今天的状态。如果你今天一败涂地，那么，过去的懒惰一定是导致你失败的主因。失败，在人生中是个未知数，这句话并不空虚。失败就是迈向成功应该付出的代价，面对失败，不要放弃自己，把失败的坎坷变成成功的垫脚石，你就会一步一步走向成功。

有新的对手就有新的挑战，有新的挑战才会有新的希望。如果说，在前进的道路上，每一段宽路、直路、上坡路都是新的机遇，那么，每一截窄路、弯路、下坡路就是你无法回避的挑战。
把挫折和挑战当作力量，在风雨中奋勇前进，在挑战中不断的成长，终有一天，你会找到那把通往成功之门的钥匙。

挑战无处不在，选择只有一个

面朝大海，春暖花开，是海子的选择；人不是生来被打败的，是海明威的选择；人固有一死，或重于泰山，或轻于鸿毛，是司马迁的选择。人的一生，就是一个不断选择的旅程，那么，当千帆阅尽，最终留下的，就是一片属于自己的独一无二的风景。

选择是一次又一次自我重塑的过程，不同的选择，往往会造就千差万别的人生。面对一块石头，你若把它背在背上，它就会成为一种负担；你若把它垫在脚下，它就成为你进步的阶梯。生命给你一块木头，你可以选择任它慢慢腐烂，也可以选择将它熊熊燃烧。生活的许多意义，不在于获得什么，而在于选择什么。

关键的选择就那么几个，不管是成长中的大事，还是生活中的小事，我们都在选择。取舍之间，我们需要选择；犹豫之时，我们需要选择；两难之际，我们更需要选择。然而，决定我们一生的并不是我们的能力，更重要的是我们的选择。无论哪种选择，只要你选择了正确的，这些选择会决定了你的一生。

每个看似快乐自在的人，都经历过不为人知的黑夜；每段潇洒风光的生活，也可能有你看不见的沧桑。差别只在于，是萎靡不振地活着，还是从那些千疮百孔中走出自己的人生。不需要羡慕别人的收获，也别去抱怨自己的一事无成，这不过都是你曾经的选择。

什么样的选择决定什么样的生活，今天的生活是由昨天的选择决定的，而今天我们的抉择将决定我们未来的生活。

人生的路上没有不变的风景，前进的途中没有笔直的大道。我们只能不停地做好两件事——前进和拐弯。前进靠的是气力，拐弯凭的是智慧。如何前进，怎样拐弯，需要我们自己的选择。选择，是对生活的主动出击；被选择，是对生活的自然适应。勇敢的人，选择急流勇进；理性的人，选择进退有度；奋进的人，选择不断进取；平淡的人，选择随遇而安。我们要选择接触最新的信息，了解最新的形势，从而更好地选择自己的将来。

生活中我们总要不断做选择。每一次选择，就意味着要放弃另外很多种可能。我们要做的不是因错过这些可能而遗憾，而更应该是认准了眼前这一条路，那就全力以赴。

人生是一场单程旅途，有去却无回。有时的决定，关系到一个人的前途和命运，这需要很大的勇气和理智。社会大凡有成就之人，几乎都是积极主动选择的结果。然而，社会上有很多人因为缺乏勇气，就随波逐流，走一步算一步，被动接受生活的安排。表面上看似随遇而安，实际上除非有好的机遇主动光顾，否则一生难免碌碌无为，无法实现人生抱负。

在人生的每一个阶段，尤其是年轻时，对今后的发展方向要做出很多的选择，有的人选择改行就业，跳槽不同单位，还有的人选择继续深造提高自己。但一部分人可能因为认知、经验等众多因素会出现选择困惑甚至错误，尽管也努力了效果并不好；也有一部分人因为没坚持到最终也平平庸庸；还有一部分人坚持到底，最终如愿以偿。

选择需要智慧。在人的一生中，要遇到许许多多的选择，无奈的是，往往鱼和熊掌不可兼得。生活在五彩缤纷、充满诱惑的世界上，我们渴求的东西太多太多，但历史和现实生活告诉我们：必须学会选择。人生最难阐释的哲理，似乎就是选择二字，看似轻飘飘的两个字，却足以让人用一辈子去体悟。

创新工场董事长李开复说过，当他碰到人生重要的选择时，他一直信奉以下的做事原则：用勇气来改变可以改变的事情，用胸怀来接受不可改变的事情，用智慧来分辨两者的不同。那么，选择的智慧从哪里来呢？舍得透露的就是选择的大智慧。舍得，舍得，有舍才有得。放弃了一些，才能收获到另外的。至于应该放弃什么，争取什么，就要看你想得到什么了。正如著名作家林语堂所言，明智的放弃胜过盲目的执着。自身的问题只有自己最清楚，自己的未来也只有自己最在意。因此，自己的选择，最重要的是，要聆听自己心底里最真实的声音，帮助你做出智慧的选择。凡事不怨不尤，只以事先考虑事后是否会带来后悔，来作为选择的最重要的砝码，这就是一种最简单、最直接的选择方法。即使选择失误，也会颇为坦然，因为，我们不会后悔。而不悔的人生，就是最大的智慧。

有选择就有挑战。选择勇敢不是没有畏惧，而是最终战胜了畏惧；选择坚强不是毫不懦弱，而是最终克服了懦弱。每战胜一个困难，就会向前迈进一步。当一个新的困难拦在了你前进的道路上时，吆喝、叫阵，别无选择，唯有迎难而上。张海迪的故事，大家都很熟悉。对于她来说，童年蹦蹦跳跳的时光是那样短暂。不到六岁时，她得了脊髓血管瘤，病情反复发作，非常难治。五年当中，做了三次大手术，六块脊椎板被摘取，最后高位截瘫。从此，她只能坐在轮椅上做着童年的梦。然而，这却是一个苦涩的梦。她要向痛苦挑战，向命运挑战。每当病痛折磨她时，坚强的小海迪没有流泪。疼得实在厉害时，为了分散注意力，她就猛揪自己的辫子，用一种疼痛代替另外一种疼痛。渐渐地，她揪下的头发，都能编成一条辫子了。不难设想，小小年纪的她，忍受了多么巨大的痛苦。张海迪是一个高位截瘫的残疾人，在痛苦中，在轮椅上，她没有被生活吓到，不断地挑战自己。在轮椅上，她还研读了《针灸学》《内科学》等医学书籍，在轮椅上学习针灸医术，带着痛苦来解决别人的痛苦。在轮椅上，她获得了吉林大学哲学硕士学位；也是在轮椅上，她被评为世界五大杰出残疾人。在轮椅上，她唱出了高昂激越的生命之歌。她说：“我不能碌碌无为地活着，活着就要学习，就要为群众做些事情，既然是一颗流星，就要把光留给人间，把一切奉献给人民。”

张海迪是一名残疾人，面对生活的无情折磨，在轮椅上，她也在做自己的求学梦、学医梦、创作梦，她对生命的挑战，是在轮椅上完成的。

每一个生命都是一个不朽的传奇，每一个传奇背后，都有一个精彩的故事，每一个精彩的故事里面，都有许多挑战困难、挑战自己的情节，每一次的挑战，都可以折射出一颗不屈不挠的灵魂。人的一生就像一条长河，停滞不前的唯一结果，是被冗长的生活涌浪淹没，只有不断地否定过去，才能面对新的挑战。而每一次选择与放弃，都是为了实现梦想，也是为了得到更多的喝彩。

人生最重要的选择，就是选择和谁在一起。选择和谁共事，选择和谁交朋友，选择和谁结婚，选择向谁学习。你和谁在一起，决定了你选择什么样的生活情趣，选择甚至决定着你的未来。你和谁在一起，由自己决定，擦亮你的眼睛，用心灵去感受，用智慧去寻找。

人生有很多岔路口，选择的结果必然无法每一次都尽如人意，倘若心间装满遗憾，你将错过当下的风景。只有经历过了，才懂得选择的重要；只有深爱过了，才知道失去的心痛；只有真心付出了，才会有收获的快乐；只有失败过了，才明白成功来之不易。

困难与希望同在，机遇与挑战并存，犹豫和等待看不到未来，拼搏的人生才更精彩。挑战无时不在，挑战无处不有，如果说，在前进的道路上，每一段宽路、直路、上坡路都是新的机遇，那么，每一截窄路、弯路、下坡路就是你无法回避的挑战。永远不要认为我们可以逃避选择，我们的每一步都决定着最后的结局，我们的脚正在走向我们自己选定的终点。

成功需要选择，英雄出于挑战，有新的对手就有新的挑战，有新的挑战才会有新的希望，选择更强的对手，因为你敢于挑战，因为你勇于立于不败之地。把挫折和挑战当作力量，在风雨中奋勇前进，在选择中不断地成长，终有一天，你会找到那把通往成功之门的钥匙。

人生的道路崎岖不平，当你面对突如其来的变故时，要有一个坚强的意志在你脑海里根植。它时刻提醒你面对困难，用你的勇敢和毅力去克服；面对不幸，用你的真诚和微笑去感动；面对磨难，用你的坚强和耐心去体味；面对残缺和不完美的人生，用你的乐观和坦诚去接受。

在磨砺中前行，在前行中塑造

人生旅途各不相同，但有一点是肯定的，就是你的面前永远有数不尽的坎坷和艰辛。如果你有非常足够的勇气去面对，不断地磨砺自己，就有可能塑造一个可圈可点的人生。或许，在过去的日子里，你饱尝了失落的痛苦，也经历了失意的困惑。在别人看来，你很难拥有一个锦绣的前程。痛苦与失意，在你的人生路上，就如同一道坎、一道沟，跨过去了，就是最好的消解。一旦跨不过去，也不必过分纠结，不妨重新调整心理，积蓄能量，一鼓作气，跨越而过。把痛苦转化为乐观，在磨砺中积蓄资本，你就可以趟开一条通往坚韧和壮阔的铿锵之路。

前行的路，不怕万人阻挡，只怕自己投降；人生的帆，不怕狂风巨浪，只怕自己没胆量。无论是谁，想成就一番事业，都离不开两个字，那就是磨砺。打磨与激励，就是撒在人生路上的火种，一旦点燃开来，就会熠熠生辉，华彩夺目。人这一生，要做的事很多，但能做成并出类拔萃的，也就那么一两件。就拿跳舞来说，一代又一代，多少舞者从小就梦想出人头地，吃尽了苦，受尽了累。单调磨砺着意志，汗水洗涤着心灵，一路苦练下来，最终能在舞台上熠熠闪光者，却寥若晨星。大家都熟知的杨丽萍，她的一生，就干一件事，那就是跳舞。她跳的孔雀舞，活灵活现，出神入化，宛若孔雀的化身。跳舞的人很多，谁不羡慕她的舞姿。从她卓越的舞姿里，我们读懂了什么？我们读懂了，她的舞姿里，闪烁着丰富的内涵。

她的舞姿，承载着丰硕的未来，彰显着智者的大气，蕴含着典雅的风范。精神的洗礼，意志的升华，是我们一个人成熟与坚韧的必经之路，而后才可以成就希望和未来。灵魂的冲刷，品格的塑造，是我们面对风浪和荆棘的武器，从而成就辉煌，展示灿烂与博大。

磨砺的过程，就是一个锤炼和锻打心智的过程，就是不断培养自制力的过程。自制力的核心是控制，包括控制情绪、控制欲望、控制行为等。在修炼自制力的过程中，锻造坚强的意志，培养健康的心理。自制力强的人，往往意志比较坚强。良好的自制力是自尊、自爱、自重的表现，它能使我们顺利通过人生一个个岔路口，为行为选择最佳的方案，并始终沿着正确的方向前迈进。

一个能控制住自己不良情绪的人，比一个能拿下一座城池的人更强大。一个人如果连自己的情绪都控制不了，即使给你整个世界，你也早晚毁掉一切。你成不了心态的主人，必然会沦为情绪的奴隶。有位哲人说过，失败留给你的一切，一定要细细回味。因为失败一旦过去，成功就不再遥远。我们生活在这个世界上，既要有追求成功的力量，也要有面对失败的勇气，不要为了昨天的失败而扼腕叹息，更不要为了明天的未知而忧心忡忡。或许有一天，当你蓦然回首的时候，就会发现，成功的机遇其实一直伴随着你，就像一棵树，从开花到结果，历历在目，只等着果实成熟。果实成熟的过程，急不得恼不得，它得经风经雨，接受大自然的磨砺，最后才能塑造鲜美的果实形象。

把苦难当作垫脚石，你才会站得更高，唯有经历各种各样的折磨，才能增加生命的厚度。每一颗闪闪发光的钻石，都是经过了千百次的打磨。每一次翩翩起舞的蝴蝶，都要承受撕裂破茧的痛苦。生命就是一次次蜕变的过程，一个人的成长过程，恰似蝴蝶破茧的过程，在痛苦的挣扎中，意志得到锻炼，力量得到加强，心智得到提高，生命在痛苦中得到升华。要实现理想，要有不平凡的人生，就必须敢于为现实理想而经历艰苦的磨砺，在磨砺中重生，塑造一个新我。一个人从平凡到优秀，一定是经历过辛勤的付出，一个人从优秀到卓越，一定是经历了地狱般的历练。一个人从卓越到极致，一定是经历了浴火重生。当你从蜕变的痛苦中走出来时，就会发现，你已经拥有了飞翔的力量。

做事情总是要积累到一定程度才能量变到质变。磨刀不误砍柴工，日出在黑夜和寒风之后，美食在火候和工夫之后，好的东西永远急不得。明确自己的爱好，找准自己的优势，然后踏实耐心地走好脚下的每一步，你想要的一切，终将是水到渠成。

有一个人，本来平凡得不能再平凡，如果搁一般人身上，胸无大志，也就平平淡淡地度过一生。但这个人就是一般中的不一般，平凡中的不平凡，他就是尽人皆知，家喻户晓的国际巨星成龙。从小，他家里很穷，但他怀揣一个影星梦。在打杂、跑龙套的经历中，没人把他放在眼里，但是他不灰心。功夫不负有心人，几年下来，他在戏班练就了一身好功夫，终于盼来了一次演主角的机会。可是，女主角是一个当红明星，打骨子里面瞧不起他。一天，女星竟然挖苦他说，瞧你这大鼻子小眼睛，谁喜欢你啊。他的心被深深地刺痛，可还是要强颜欢笑给她鞠躬。还有一次，他想请武侠名家为自己量身写剧本，人家说："我的剧本，都是写给帅哥的。"大侠尖酸刻薄的嘲讽挖苦，反而激起了他无穷的斗志。他暗暗发誓：你们越是瞧不起我，我越要努力，一定要做给你们看，一定要让你们为自己的言行后悔。从艺40多年来，他拍了80多部电影，武打精彩场面，从来不找替身，造成重伤近30次，但从未趴下。在拍摄《少林门》时，他曾被打得完全失去知觉。影视巨星成龙的走红，并不是偶然，而是经历了一次又一次摔打和磨炼才走向成功的。他是用自己的生命和心血，塑造影片中的艺术形象，同时，也在塑造的人格魅力。心无旁骛，专心致志，从默默无闻到登峰造极，成龙从最微不足道的角色开始，直到成为国际功夫巨星。

其实人很难完美，但是像成龙这样的人生，算不算完美？在我看来，起码是接近完美。在磨砺中创新，在创新中成长，勇敢地改造自己，把不完美变成完美，把不优秀变为优秀，让每天的自己，成为一个全新的开始。像成龙那样，逮住一件自己喜欢干的事，就咬紧牙关，百折不挠，不达目的誓不罢休。

电灯为世界带来光明，可又有谁知道，爱迪生发明电灯时的艰难呢？他试用了上千种材料，一次一次试验，就是一次一次磨砺。一次次挫折，一次次失败，终于发明了电灯，给人类带来了光明。这光明，就是他塑造并奉献给人类的巨作。他自己惊喜不已，人类为此更是惊喜不已。有人问他，历经这么多的失败，您想到过放弃吗？他却这样说，世界上没有失败，只有离成功更近一步。

人生的道路崎岖不平，当你面对突如其来的变故时，要有一个坚强的意志在你脑海里根植，它时刻提醒你面对困难，用你的勇敢和毅力去克服；面对不幸，用你的真诚和微笑去感动；面对磨难，用你的坚强和耐心去体味；面对残缺和不完美的人生，用你的乐观和坦诚去接受。

人生就是一个磨炼的过程，如果没有那些酸甜苦辣，你永远都不会成熟。没有谁能随随便便成功，成就越大的人，在成功之前所经历过的失败肯定越多。如果摔了跟头后就再也不敢爬起来，你就只能永远躺在失败的泥潭里，看着别人向前走去。所以，我们应该在阳光下灿烂，风雨中奔跑，汩水中成长，拼搏中展望。

有些伤痛，我们只能默默背负，有些烦忧我们只能自我化解，走过了炎热才能感受凉风的惬意，走过了冬天才能迎接百花盛开的春天。不是可怕的厄运和灾难击垮了我们，而是甘愿在平庸中得过且过的懦弱吞噬了我们。小草敢于冲破岩石的压抑，才能重获新生。雄鹰敢于冲破风雨雷电的威胁，才能展现出矫健的身姿。

伟人是梦想塑造的，做最好的自己，就要寻找自身的亮点，把潜能完全释放出来。从磨砺中享受成功，从成功中体验磨砺，这不是简单的循环，而是人生里程的无隙契合。磨砺算什么，那只不过是人生一次次演习，在摔打中让自己变得更坚强。没有永远的失败者，有的只是那些被苦难彻底击垮的人。挫折并不可怕，可怕的是你在磨难面前不敢再迈出一步。当勇敢地站起来的时候，你已经扬起了成功的风帆，是上前一步，迎接成功？还是惧怕失败，转身逃离？决定权就在你的手里。

一个人的知识，通过学习可以得到；一个人的成长，必须通过磨难来历练。欺骗你的人，增长了你的见识；绊倒你的人，强化了你的能力；中伤你的人，砥砺了你的人格；藐视你的人，觉醒了你的自尊；斥责你的人，助长了你的勇气；遗弃你的人，训导了你的独立；伤害你的人，磨炼了你的心志。我们的青春眨眼间就没有了，虽然我们阻止不了岁月破坏我们的容颜，可是我们可以让心在岁月中慢慢磨砺，在磨砺中前行，在前行中塑造。正视你的对手和敌人，就是取胜的关键；正视人生的挫折和磨砺，才是成长的必然。

想赢得胜利，你需要比别人更努力，才有可能超越那些跑在前面的人。最富有的人，是跌倒最多的人；最勇敢的人，是每次跌倒后都能站起来的人；

最成功的人，是每次跌倒不仅能站起来，还能坚持走下去的人。只要肯迈步，路就在脚下，不管多险峻的高山，总会给勇士留一条攀登的路。

超越自我，才能做最好的自己

有些路，看起来很近，可走下去却很远，缺少耐心的人永远走不到尽头。有时候，我们会给自己设置很多想要超越的对手。但我们最强的对手，不一定是别人，而可能是我们自己。当我们忙着超越别人的时候，也要时时提醒和反思自己。学会在浮躁中思考，这样你才知道在喧嚣中走向哪里；学会在总结中自责，这样你才懂得在成功中如何超越；学会在绝境前转身，你的脚下不是华山一条道。

人生是一场漫长的竞赛，有些人笑在开始，有些人却赢在最后。如果你不勇敢，没人替你坚强；如果你不坚强，没有人帮你实现梦想。不管你昨天有多优秀，都代表不了今天的辉煌。要记住，昨天的太阳永远晒不干今天的衣裳，昨天再美好也不要留恋，因为都已经成为过去。我们要不畏艰险，迎难而上，以坚忍不拔的毅力勇往直前，顽强地拼搏到底。

从出生的那一刻起，我们开始了人生的旅途。任何一项事业在达到顶峰之时，便会开始走下坡路，盛极必衰，这是一种客观的规律。当你连连获胜的时候，等待你的也许是挫折，也许是失意；当你陶醉于幸福之中的时候，等待着你的也许是不幸，也许是苦难。老子曾经说过，自知曰明，自胜曰强。隋代思想家王通也说过这样的话，自知者英，自胜者雄。多少人正是在不断地战胜自我、超越自我的过程中，才得以进步的。

一个勇敢的人，敢于超越自我，敢于突破自我承受的极限。他们会以真心向往的理想为起点，在为自己的最高愿望而活着的同时，集中全部的精力，有足够的耐性，发展自己的事业。他们会坚持、坚持、再坚持，通过激发内在的创造性张力，克服情绪性压力，从而缩短远景和现实之间的距离，在客观看待现实的基础上，实现自我超越。

对于科学家来说，他们每一次发明都是一次超越；对于运动员来说，他们每刷新一次纪录都是一次超越。而对于你自己来说，今天比昨天进步，明天比今天进步这也是一种超越，你最应该超越的人就是昨天的自己。你要把每一次失败都归纳为一次尝试，不自卑；要把每一次成功都想象成一种幸运，不自傲。以豪迈的情怀，在奋进中前行，在前行中超越，只有流过泪的眼睛才更有神，滴过血的心灵才更坚强。

每个人都可以创造无限的可能，只要你不给自己设限，人生的高度将会由你自己设定。在一生中，我们会遇到各种各样的敌人，各种各样的困难，然而，这些却都不是我们前进途中最大的阻碍，人最大的绊脚石其实是自己。如果不能战胜自我，那么你根本不可能会全力以赴地去做好当下的事；如果处事犹豫不决、优柔寡断，或者过高地估价自己，目中无人，那么你会因骄傲自满而夜郎自大；或者过分地崇拜他人，由此而感到自卑。一个能战胜自我的人，会攻无不克，战无不胜。只有敢于超越自我，才能为人生打开新的一页。

困境是命运的一种给予，只要你愿意，任何困难都可以成为你超越自我的契机。人生必须要通过逆流，你才可能站得更高，但无论别人怎样质疑，你都要坚信自己，勇敢地面对。我们常常会在无意中放大困难而瞻前顾后，实际上，如果你一旦决定与之搏斗，那么所有的困难都不是困难，所有的阻碍都不是阻碍。一个人的尊严和体面，都来自于个人的奋斗，除了自己，没有人可以白送给你。如果此刻迷茫，那么原因只有一个，就是你想得太多却做得太少。

站着的人，不一定伟大；跪着的人，也不一定屈辱。韩信胯下受辱，他并没有失去什么，反而，这种受辱的经历更加强化了他的内心，锻造了他的人格。挺着腰杆做人，放下身段做事，也许是更有力的强者。从古至今，多少功名显赫的人，让人羡慕和钦佩，使人感到浑身上下都有一种人格魅力。

大家都熟悉司马迁的故事。司马迁蒙冤入狱后，遭受了酷刑。残忍的宫刑，摧残了他的肉体和精神，也极大地侮辱了他的人格与尊严。他悲痛欲绝，万念俱灰，想到了只有一死，方可解脱。但转念一想，如果就这样死去，谁来续写《史记》？何况，人终有一死，或重于泰山，或轻于鸿毛，死得轻重意义就大不相同。他觉得含冤而死，就像牛身上少了一根毛，丝毫没有价值。他又想到了屈原、孔子、左丘明和孙膑等人，他们所受的屈辱，以及他们所取得的成就，给自己以极大的鼓舞。面对酷刑，虽然痛苦到了极点，但他却选择了坚强，那就是，只有一个信念，一定要忍辱负重地活下去，一定要把《史记》写完。不妨设想一下，当时的司马迁，如果不能忍辱也不能负重，没有选择坚强，而选择了自杀，那么，一部《史记》，就会消失在茫茫的历史尘烟中。

那些大家和大德，也并非个个都是丰功伟绩的幸运儿，翻开他们成长的经历，几乎都有过坎坷。他们善于把自己的缺陷当作人格完善大厦的铺垫，从而铸就了不屈奋斗的个性。因此，只要你敢于突破自己那颗脆弱的心，付诸行动，才会战胜自我，才会变成世界上最美丽、最具活力、最有价值的人，你才会拥有非凡的人生。

高山之宝只属于那些勇于攀登的人；深海之藏只属于那些勇于探求的人。勇者，会迎难而上，奋不顾身，一次次挥洒着汗水，追求成功。弱者，在困难面前总是胆怯退缩，找出种种理由来逃脱。你想超越平凡，挑战极限，就得先改变自己的态度，然后才能改变人生的高度。要做一个乐观自信的人，千万别害怕，带着你的梦想前进，流过泪才笑得更从容。快乐靠自己，没有谁能分担你的悲切；坚强靠自己，没有谁会怜悯你的懦弱。所以，你别无选择，因为没有人会懂你到底有多痛，没有人会懂你的生活到底要怎么继续下去，没有人知道你经历了怎么样的生活，也没有人知道你微笑背后隐藏着怎样的伤痛，更没有人知道你在悲伤的时候却没有眼泪。这个世界，有太多的万般无奈。昨天再好，也走不回去，每天再难，也要抬脚继续。

如果你想比别人走得更远，就一定要跑得比别人更快，如果你在竞技场上不被淘汰，那么你就有胜利的希望；想赢得胜利，你需要比别人更努力，才有可能超越那些跑在前面的人。勇敢，让人激情勃发，让人昂扬崛起，让人一飞冲天。当你豪情满怀阔步向前时，拿什么来征服自我？只有挑战自我，突破自我，超越自我。不能懈怠，一分钟的松懈，可能意味着被千万人超越；不能骄傲，一次不经意的自满，可能意味着无法挽回的滑坡。要生存就要进取，要成功就必须坚强。要想突破昨天，超越今天，挑战明天，就得靠自己顽强的拼搏到底，因为没有谁会陪你原地停留。

人生如同一本故事书，重要的并不在于有多长，而是在于有多精彩。人生有很多故事，有平平淡淡的情节，也有惊艳绝伦的片段。把情节用文字表达比较容易，把计划落实在行动中就非常困难。人人都想学习好、挣钱多、口碑好、成就大，但是很多时候，又恰恰无法如愿，恰如学校差、钱包瘪、人脉少、圈子弱等等，想得到好处最后还是得不到，怎么办？除了你的能力和自控力，你的个人意志，是否应该成为你勇攀高峰的支点？想得到其实不如做得好，请记住，无论处于怎样的一种境况中，只有让自己变得更坚强，才能让困难和阻力的身形变得更渺小，才能把一条条看似无法绕开的藤蔓，变成你向上攀援的缆绳。

在我们的生活中，所有的事情都有它存在的意义。当你觉得孤独，那正是认识自己的机会；当你觉得黑暗，那正是发现光芒的机会；当你觉得无助，那正是让你知道内心有多强大的机会。坚持住，在锻炼自我中超越自我。只有超越自我，才能做最好的自己。

人不成熟的表现，就是还没付出就想着回报，
或者刚付出一点点，就想得到更多的回报。
成熟是一种有所为、有所不为的从容，是一种处变不惊、临阵不乱的镇定。成熟不是心态变老，而是当眼泪在眼睛里打转时，依然保持着微笑。

成熟的人，往往发现可以责怪的人越来越少

一个人的成熟与不成熟，跟有钱没钱没有关系，关键是能不能用自己的肩膀扛起更多的责任，能不能站在对方的角度看待事物，能不能把你的世界看成我的世界。

人生的意义，如果仅在于追求成功，得到的快乐并不会多，真正带给你成就感的是成长。成长的过程是将幼小变

为壮大的过程，成熟的过程则是将你的哭声调整到静音的过程。我特别喜欢科幻作家阿瑟·克拉克，在墓志铭上刻着的一句话，我永远没有长大，但我永远都没有停止生长。

成长的过程就是要不断跟曾经稚嫩的自己告别，我们也许会感到孤独，经历痛苦，但这都是成长的必经之路。有时候，莫名的心情不好，不想和任何人说话，只想一个人静静地发呆。有时候，难以面对脆弱，不愿别人看到自己的伤口。有时候，走过熟悉的街角，看到熟悉的背影，突然想起一个人的脸。有时候，自己有口无心的话，误伤了别人，心里过意不去，郁闷得发慌。这些成长的节点，都有欲罢不能的沉默。学会从中汲取经验，那么我们所经历的事、遇见的人，都会成为生命里不可多得的财富。

人生有苦有甜，每一个创伤都是一味良药，经历了苦难才能生长刚柔的风骨。任何经历都是一种累积，累积得越多，生命就越有厚度。每一次失败，都是成功的伏笔；每一次考验，都有一份收获；每一次流泪，都有一次醒悟；每一次磨难，都有生命的财富；每一次伤痛，都是成长的支柱。经历了挫折，就学会了坚强，战胜了挫折，就学会了坚韧，懂得了坚韧，就懂得了成熟。

成熟就是你越来越善于审视现实，而不是俩眼总盯着现实眼前的利益。成熟不是华而不实，能讲出许多深刻的道理，而是待人接物让人感到舒适，富有亲和力。成熟不是你能用大的道理去开导别人，而是你能明白自己，去理解身边的人和事。一个成熟的人，往往发现可以责怪的人越来越少，因为他清楚，人活着，多不容易啊。要成熟起来，又谈何容易呢?

真正成熟的人，他会知道，任何人的光鲜亮丽，必有他该面对的艰难险阻；任何人的潇洒人生，也有着难以言说的苦楚；任何羡慕之谈，或许不过是对自己不能重塑的人生的向往。

如果你是一只雄鹰，就不要在乎麻雀怎么看你。因为你飞行的速度、高度、力度、角度，它看不见、看不懂。所以，人生最重要的是正确认识自己，了解自己的实力，知道自己的目标，而不是在乎别人如何议论你。成熟的人，顺境时不会得意忘形，逆境时也不会失意变形；成熟的人，不因功成名就而目中无人，也不因寂寞无名而卑躬屈膝，持一颗平淡的心，不卑不亢地生活。

一个真正成熟的人，他的内心是强大的，在面对大是大非时，会逼着自己拿出高人一筹的勇气。因为他们知道，最完美的人生不是抓到一手好牌，而是打好一手烂牌。成熟的人，面对错综复杂的局面，会提醒自己保持一份耐心，坚守自己的淡定，也坚守自己的清心寡欲。

成熟的人会交那些不张扬的朋友，默默尊重对方的选择，而不是对别人指手画脚。他也不需要在朋友面前刷存在感，因为他无须活在别人的眼光里。他们站得很高，但是会设身处地，去理解对方的坚持和热爱。成熟是一种知足、知不足、不知足的睿智，成熟是一种有所为、有所不为的从容，成熟是一种处变不惊、临阵不乱的镇定。成熟的人，有海纳百川的胸怀和化繁为简的宁静。

人不成熟的表现，就是还没付出就想着回报，或者刚付出一点点，就想得到更多的回报。有些人做生意，开始没赚到什么，不想着找失败的原因，只是着一味地放弃。有的人一个月就放弃，有的人三个就月放弃，有的人半年就放弃，有的人一年后放弃，有的人甚至三五年后，还是放弃了。他们在不知不觉中，把放弃当成了一种习惯，习惯了放弃，也就习惯了失去。习惯了失去也就远离了成熟。

只有在坚持中成长，才能在磨砺中成熟。成熟的人懂得一个道理，只有春天播种，秋天才有收获。别的不说，单说农民，他们就最懂得这个道理。他们知道，春天一到就抓紧耕地、施肥、播种，用辛勤的汗水浇灌幼苗，用长满老茧的双手收割成熟的庄稼。勤劳是农民成熟的种子，甘苦滋润着他们朴实的人性。不成熟的人觉得干这个也累，干那个也累，一天到晚总觉得累。农民说了：“我今天怕累不下地，明天就得没饭吃。”你今天不累，现在不累，以后会更累。不成熟的人，活着也苦，醒着也苦，一天到晚都叫苦；生活很苦，现在不苦，以后会更苦。哪怕是跌落低谷，只要你抬脚，就有活路；如果躺下不动，只有死路一条。只要你能到达目的地，没有谁在乎你是开车还是走路。

人生有起有落，伤你最深的地方，正是你成长最快的土壤。有一种创伤叫痛苦，痛苦能使人思索，使人坚强，使人更懂得珍惜。如果一个人没有吃过大苦，经过大难，不能大彻大悟，就难以滋生慈悲心，人有了慈悲心，就意味着心灵上的丰满。

成熟，不是你绷着脸，装得多么老道；不是你弄清了多少大是大非，讲出了多少空洞的大道理。成熟是什么？成熟就像八月的稻谷，沉甸甸地垂着头；成熟就像秋天的红苹果，挂满枝头；成熟就像虚怀若谷的长者微微点头。这些成熟里包含着稚嫩青涩，包含着风雨沧桑，包含着追求向往。成熟绝不是绷着脸，绝不是空洞的说教，成熟就是成熟的成熟。

千金难买早知道，世上没有后悔药。你的成熟不是因为你活了多少年，走了多少路，经历过多少坎坷，有的人到了暮年，还在绷着脸，装不装，自己清楚，别人更清楚。

我们所说的成熟，是懂得理解，学会了包容，知道了不争。每个人心中所承受过来的那些苦与痛，不是因为时间久了就没有感觉。而是懂得了说不说，心里都很平静。有些暗伤，不是不在乎，而是懂得了判断、面对和自我修复。

成熟的人懂得低调，而不是盲目张扬。成熟的人，随意而宽容，有着强大的气场。其内心之博大，不刨根问底，得理也饶人。成熟的人不以固有的道德要求他人。己所不欲，勿施于人。成熟的人，善解人意，宽宏大量，用欣赏代替责怪；用赞美代替指责。

成熟不是心态变老，而是当眼泪在眼睛里打转时，依然保持着微笑。真正的成熟不是阅历丰富，而是经历了坎坷和风雨后，面对那些令人生厌的人和事时，既不迎合也不附庸，能善意对待。

当你晚上躺下来的时候，仔细地想想，其实人活着真的不容易，每一天都会发生你想不到的事情，有高兴的，有生气的，有无奈的，有伤心的，有哭笑不得的，有解释不清的，不管是什么样的事儿，都是对你的一种挑战。人生就是一个磨炼的过程，如果没有这些酸甜苦辣你永远都不会成熟，所以，我们应该在阳光下灿烂，风雨中奔跑，泪水中成长，拼搏中展望。对自己说一声，昨天挺好，今天很好，明天会更好。

与其羡慕他人优秀，不如自己奋斗不止；
与其羡慕他人坚强，不如自己百炼成钢；
与其羡慕他人成功，不如自己厚积薄发。
不吃拼搏的苦，就会流生活的泪。

3 CHAPTER

第三章

趁年轻，别把愿望等成了遗憾

多么忙不重要，忙什么才重要。一次重要的抉择，胜过千百次的努力。你是最棒的，你每天在进步，你一定会有所作为；
你没有放弃，你一定会坚持到底；你爱你的事业，你爱你的家庭，你会成功，你一定会成功。

叩问与醒示，是敞开心扉的对话

人在社会环境中扮演着不同的角色，有谁能驻足停下来，仔细聆听身体内部发出的声音；又有谁能敞开心扉与深藏在背后的自我，进行真实的叩问和心灵的对话？

叩问是为了醒示自我，消解困顿；叩问是让心灵在平静中得以升华，让人生在思索中走向睿智，让有限的生命之旅变得丰富和美丽。

你这辈子到底想做什么？到底想过什么样的生活？你想要精彩的一生还是要平庸的一生？那么，你的梦想是什么？你的目标又是什么？你想不想买豪车？想不想住别墅？想不想自由地全球旅行？没有不想的吧？那你为什么还不付出？为什么还不行动？有人说，我不喜欢。如果你想买车就买车，想买房就买房，想去旅游就旅游，坐在家里只想不做，那不是痴心妄想、白日做梦吗？

你现在正在做什么？我正在上班。上班就要有个上班的样子，别总是人在曹营心在汉，这山望着那山高。不要一有时间就偷奸耍滑，一有机会就钻空子，那么，单位请你来是干吗的？这里不是福利院，也不是托儿所，更不是救助站。你想去旅行，想去冒险，想去打拼，还想去尝试新的生活，那么，你为什么整天挂着微信，逛着淘宝，玩着网游？这样下去，你浪费的是时间，荒废的是自己，失去的是青春。那么，你何时才能实现你的愿望？

你现在能做什么？你现在又做了什么？如果不能，那么，五年以后的你，还不是和现在一样吗？还不是一年盼着一年好，年年还是个破棉袄吗？为什么会这样呢？就是因为我们正在做的事与我们的目标无关；就是因为你一直在找借口，却又想要成功，成功者有你那么多借口吗？每个人都在想成功，都在对别人说，要有魄力，要有行动力。但是，为什么当你面对自己的时候，你却退缩了呢？

想奋斗，想成功，就不要找过多的借口。不要说什么天气太热，事情太多，心情不好；别说什么没梦想，没目标，没激情。我可告诉你，你的命运全掌握在自己的手里，永远不要寄托在别人身上。

我问你？今天有没有全力以赴？感觉有忙不完的事就对了，说明你正在为前程奋斗；今天最大的收获是什么？感觉走得特别艰难就对了，说明你正在走上坡路；今天发生的一切对你有什么启示？感觉总不如人就对了，说明你正试图赶超。多么忙不重要，忙什么才重要。一次重要的抉择，胜过千百次的努力。今天的生活，是三五年前的选择；三五年后的生活，是来自今天的决定。

人生重要的不是你从哪里来，而是你到哪里去；重要的不是所站的位置，而是你要去的方向。只要不迷失方向，就永远不会失去自己。当你在埋头工作的时候，一定要抬头看看前进的方向。你来自何处并不重要，重要的是要走向何方。

你没找到路，不等于没有路。若你正感到迷茫抑或辛苦，告诉自己再坚持一下，你终会发现拒绝放弃的那些努力是多么值得。你想成为什么样的人，你就要跟什么样的人去学习；你想知道将来要得到什么，你就必须知道现在应该先做什么。

如果你想要成功，就要逼自己一把，任何潜力都是被逼出来的，没有谁天生就有一副神奇的翅膀，没有人能够随随便便成功。不逼出来，怎么叫潜力呢？人生需要磨炼，成功需要教练，梦想不能暗恋。你要经常说，经常练，你才有机会开卡宴。

人生是一个磨砺的过程，如果没有这些酸甜苦辣，你或许永远都不会成熟。当别人休息时，你还在努力；当别人放弃时，你还在坚持；当别人困惑时，你双眼紧盯；当别人懈怠时，你挑战纪录；当别人祝贺时，你含泪致谢；当别人拼搏时，你是不是早已成功？你若没有一定的决心，不把自己逼上绝路，你永远都不可能展翅飞翔。

如果你满足于过去，是不是将失去现在？如果你满足于现在，是不是将失去未来？春天不耕耘，秋天将无粮可收。所以，我们必须奋斗。因为赡养父母是我们的责任，不要在父母需要尽孝时，除了眼泪，我们一无所有；因为我们想给孩子最好的教育，不想在孩子想飞的时候，我们没有能力为他们托起梦想；因为我们不想看到在自己老去时，回想起来全是蹉跎的时光。所以，我们必须奋斗。

那么，奋斗是不是要付出行动？人生奋斗的光景就那么几年，不要让未来的自己心怀不甘。人生很短暂，短暂是不是应该活得更精彩？精彩不精彩，有了精心的设计，才有美好的未来；有了正确的目标，才有绚丽的青春；有了前进的动力，才有了璀璨的人生。

人之所以不成功，就是因为借口太多，方法太少。一切的借口不过是你给拖延和懒惰找的理由，哪有那么多未来等着你，你只有现在。当跨出第一步的时候，你就已经开始真正改变。当你成功了，你的故事就是传奇；当你失败了，你的故事就是笑话；当你放弃了，你的故事只是一个案例；当你全力以赴了，你的故事将会是一段美好的回忆。李小龙从小就爱打架，老师说他像个小流氓，这一辈子都会没出息，最终他却成了名扬天下的武术神话；C罗经常因为踢足球而耽误学习，老师说他这样永远不会有成果，而他却带领皇马拿到了第十冠；希特勒没上过一天军校，刚步入政坛时别人笑话他见识短，结果他却征服了整个欧洲。也许你现在不出色，被人看不起。但只要你用心做了，输和赢都是精彩。

要立即行动，每天都是新的开始；要微笑着面对，每个人都是亮丽的风景。你一定会努力，你是最棒的。你每天在进步，一定会有所作为；你没有放弃，一定会坚持到底。你爱你的事业，你爱你的家庭，你会成功，你一定会成功。

我们每个人，是不是都需要经常进行反思？是不是都要经常叩问自己的灵魂？审视自己的所作所为？在叩问中思索，在思索中升华，在升华中成长。孜孜以求，用笑傲江湖之豪放，旷逸豁达之洒脱，百折不挠之坚韧，所向披靡，赢得未来。这样的人生，难道不值得你骄傲吗？难道不值得你自豪吗？

叩问，是一种能力，是一种智慧，也是一种自强不息的境界。叩问中，我们会发现那个隐藏在社会角色和面具背后真实的自我。当我们拨开重重粉饰，卸下层层面具，那个真实的自我将完全展示出来，不再被压抑被逃避，反而有一种释然的平静自然浮现。一个真实的我会明白，取得成绩时，冷静分析光环和鲜花背后那些虚荣的声音，不让自我在荣誉的膨胀中迷失；遇到阻力时，与问题和矛盾周旋，得到的是源自内心的自信和坚持，这难道不是一种地道的历练和成长吗？

叩问与醒示，是一种能力和智慧。只有懂得叩问和醒示，人的思想和情感才有可能向着高尚和纯粹的境界升华。

年轻时留下很多一直想做却没做的事，当你老的时候就只能捧着一堆年轻时想实现却实现不了的愿望。

美好的愿望应该是每个年轻人奋斗的动力，而不是无所作为的借口。珍惜时光吧，趁年轻，别把愿望等成了遗憾。

趁年轻，别把愿望等成了遗憾

当有人问起，你觉得离变老还有多远？那些鲜嫩的面孔总是答道：应该挺远的吧。我的青春韶华才刚刚开始，变老对我来说还很遥远。是啊，人生还那么长，还有很多路要走，还有很多人没有遇到。我们就一边蹉跎着光阴，一边等着迷雾散开，一边等着自己成功的那一天。等着等着却发现，细纹攀上了眼角，白发钻藏在两鬓，想起不知不觉逝去的青春，才知道掬一把老泪，哀叹着年轻的时候错过了多少，现在后悔又有什么用。

每次看见时间就害怕，因为发现时间越来越少了。年轻时候我们都有在浪费，都在不屑一顾地疯狂，却总是憧憬着美好，活在自己的世界里。可到了今天，当我们想着还有很多事没有做，还有很多梦没有完成时，那些曾经浪费的光阴，才显得今天越来越珍贵。

不用努力就可以得到的东西，只有一样，那就是年龄。要想得到别人得不到的东西，就要付出别人不愿意付出的代价。年轻时留下很多一直想做却没做的事，当你老的时候就只能捧着一堆年轻时想实现却实现不了的愿望。小时候，我们渴望大人的世界，成年后，我们哀叹早逝的青春。那时总以为有无数个明天，怠惰地想着，明天应该还来得及吧，明天再说吧。明天两个字一出口，总是备感安慰，今天就可以继续自己及时行乐的信条。无数个明天过后，却只能苦口婆心地劝着下一代年轻人：今天的事今天办，不能再拖了，把自己的计划付诸行动。然后看着他们继续循环着和自己一样充满遗憾的人生。

有这样一个年轻人，他逢见朋友就说：我将来要写一部小说，一部惊世骇俗的小说。说得斗志昂扬、激情澎湃。可是他的朋友们都没有见他动过笔，很好奇地问他：你不是说要写小说吗？怎么不见你写呢？他解释说：现在是春天，病毒太多了，我要先把身体养好才能有力气写。朋友们也就不搭话了。又过了几个月，他还是和他的女朋友说：我将来是要写书的。女朋友说：那你写到第几章啦？他回答：现在才是秋天，要等到冬天，在火炉旁边写才有灵感。他的女朋友叹息地摇了摇头。就这样，从春到夏，从夏到秋，从秋到冬，一年四季打了个轮回，无论大家怎么问，他都有合适的理由去解释。结果是可想而知的，他连一个字也没有写。但是，他却依然把自己的这个梦想与人高谈阔论。

在现实当中，不少人不知不觉就成了像他一样的人。这种情况，就像我们要等待要搭的公交车，可能就在你一个不留神，或者在你低头看手机的那一刹那，车子嗖的一声就从你身边过去了。如果运气好的话，还来得及搭上末班车，如果错失良机，就只能眼睁睁地看它留下一道尘烟扬长而去。

很多人都说过，年轻是一种资本，但是很少人会提起，资本是会被消耗殆尽的。我听到过这样一个小故事，有一个少年，本来很平常，但老师和家长却把他捧上了天，说他如何聪明过人，如何与众不同，久而久之，这个少年听惯了大人的奉承，就变得心高气傲，盲目认为自己才华出众，不需要刻苦读书，只等着伯乐出现。他坐在窗口，不屑地看着楼下庸庸碌碌的人们，想着：如果是我，我可不会像他们那样没用。后来，他考上了大学，成了一名普通的大学生。他又想：这破学校一点也配不上我的才能。于是不仅经常逃课，还整日幻想着自己功成名就，让这所大学的老师纷纷夸耀他曾是这里的学生，而他只是淡然地给人讲着自己的才能是天生的。幻想当然没有成真，后来成了一个平凡的人，早九晚五，成了平凡的上班一族，每日庸庸碌碌，看着楼上窗口里学生欢蹦的身影，继续想：如果我还是他们那个年纪，可不会像他们那样小小年纪，被人夸成一朵花似的，也就不知道天有多高地有多厚。从小有了傲气，不管有多好的愿望，也得灰飞烟灭。愿望消失了，遗憾伴随终生。故事到这里就结束了，不知道楼上欢蹦的少年，是不是也对着楼下这个庸庸碌碌的青年嗤之以鼻呢？

还有一个关于美国莱特兄弟制造飞机的故事，大家可能比较熟悉。一百多年前，美国有一位穷苦的牧羊人，带着两个幼小的儿子莱特兄弟，替别人放羊为生。有一天，他们赶着羊来到一个山坡上，一群大雁鸣叫着从他们头顶飞过，并很快消失在远方。牧羊人的小儿子问父亲：“大雁要往哪里飞？”牧羊人说：“它们要去一个温暖的地方，在那里安家，度过寒冷的冬天。”大儿子眨着眼睛羡慕地说：“要是我也能像大雁那样飞起来就好了。”小儿子也说：“要是能做一只会飞的大雁该多好啊。”牧羊人沉默了一会儿，然后对两个儿子说：“只要你们想，你们也能飞起来。”两个儿子试了试，都没能飞起来，他们用怀疑的眼神看着父亲，牧羊人说：“让我飞给你们看。”他张开双臂，但也没能飞起来。可是牧羊人肯定地说：“我因为年纪大了才飞不起来，你们还小，只要不断努力，将来就一定能飞起来，去想去的地方。”两个儿子牢牢记住了父亲的话，并一直努力着。他们常常仰面朝天躺在地上，一连几个小时仔细观察鸟类在空中的飞行，研究和思索它们起飞、升降和盘旋的机理。在吸取前人经验教训的基础上，莱特兄弟开始了飞行器的研制。在无法得到别人资助的情况下，他们用自行车生意赚来的钱研制飞机。当哥哥36岁、弟弟32岁时，他们发明了飞机，最终实现了飞起来的愿望。这种飞起来的愿望，不仅是莱特兄弟的愿望，也是人类的愿望。

美好的愿望应该是每个年轻人奋斗的动力，而不是无所作为的借口。青春正是追梦的年龄，总想着会有梦想成真的那一天。青春时代可以浪漫享受，可以挥霍时光，但是，当你到了要对自己负责的年纪时，请认真地问问自己，我的青春究竟是怎样度过的？我的青春过的究竟有没有价值？我的青春年华究竟有没有留下遗憾？

年轻的时候，总想着有富余的钱可以到处走一走，去做自己喜欢的事。可是大多数人的情况是，有了富余的钱，却没了富余的时间；有了富余的时间，却早已没了富余的精力。有的人便要问了，既然这样，那不是更该趁着年轻享乐吗？但我却觉得，所有的遗憾，都是当事人能力不足导致的。这世上能兼顾梦想与娱乐的人有很多，这其中有世界闻名的大人物，也有生活中容易满足的小平民，前者的愿望宏大高远，后者的愿望平淡温馨，但无论多平凡的愿望，都是经过努力才会实现。毕竟梦想没有高低，努力才分优劣。

别给自己后悔的机会，这是一生最美的祝福。生命是真的无法重来，总是留有遗憾。人生的遗憾无法弥补，就像没有一样事物是完美的。但我们可以尽最大的努力，让自己在回忆过去时能够少为遗憾叹气，更多地为自己实现的那些梦想感到自豪。正如保尔柯察金所说，人最宝贵的就是生命，生命对于每个人来说只有一次。所以，趁着你还年轻，还有时间去努力的时候，赶快制订一个切实可行的计划吧。然后开始百折不挠地按照这个计划去一步一步地推进，你的人生就会有不一样的精彩。当回首往事，你不会因为虚度年华而悔恨，也不会因为碌碌无为而羞愧。

人虽然不可能青春永驻，但无论什么年纪，都应该保持那份纯粹和天真，心中的梦想才会永不凋零，青春的花儿才会永远绽放。我们应尽自己最大的努力，保持一颗年轻的心。我最大的愿望，是让你们能懂得青春是多么美好；最大的希望，是你们能珍惜青春这最美好的年华。不要让自己在年老体衰的时候，再去叹息万事成蹉跎。趁年轻，别把愿望等成了遗憾。

格局决定了结局，只盯着树里的虫子不放的鸟儿，是不可能飞到白云上的。
要想放大自己的格局，就需要站在不同的位置感受不同的风景。

心中有多大格局，人生就有多少胜局

人的格局不是天生的，也不是与生俱来的，而是忍受无数的委屈，遭受无数的煎熬，吞下无数的羞辱喂大的。

什么是格局？格局就是磊落坦荡、无私无畏和志存高远的品格；就是不为一时之利争高下，不为眼前小事论短长的气量；就是宠辱不惊，笑看庭前花开花落的风度；就是不管风吹浪打，胜似闲庭信步的豪迈。

没有胸怀，哪有平台；没有格局，哪有大局。没有版图，哪有疆域；没有大愿，哪有大业。一个人的胸怀足够大，才可以装下生活中的酸甜苦辣，一个人眼界足够高，才可以看淡人生所有的风吹雨打。一个人格局大了，未来的路才能宽。一个境界低的人，讲不出高远的话，一个格局小的人，做不成大气的事。有什么样的格局，就有什么样的结局。

你可以烙出大饼来，但是你烙出的饼再大，它也得受做烙饼的那口锅的限制。我们所希望的未来就好像这张大饼一样，是否能烙出满意的大饼，完全取决于烙它的那口锅，也就是你的格局。如果你是一匹骏马，就不要局限在锅台上跑马，而要到广阔的草原上去驰骋；如果你是一只雄鹰，就不要习惯在檐下徘徊，而要去搏击长天。

掌握了大格局，你就掌控了大局势。大格局是一种智慧，大格局是一种境界，大格局是一种姿态，大象无形，上德若谷。当我们以大的格局为引导，生命就会变得温暖和充实，在前进的路上斗志盈胸；当我们站在心灵的制高点，满怀期待地眺望远方，就会发现无限风光在险峰。

做人智商不高没关系，情商不高也问题不大，但做人的格局一定要大。你可以不聪明，也可以不懂交际，但一定要有大格局。有能力者如过江之鲫，数不胜数；有大格局者却如凤毛麟角，寥若晨星。有能力的人看重的是个性，看重的是激情，看重的是勇气，在单打独斗时发挥威力；有格局的人更注重整体，有取舍，有进退，有变通，在取胜时能体现团队的智慧。

善于发现别人的优点，并把它转化为自己的长处，你就会成为聪明人；善于把握人生的机遇，并把它转化成自己的机遇，你就会成为智者。如果一点点挫折就让你爬不起来，如果一两句坏话就让你不能释怀，如果动不动就讨厌人憎恨人，那格局就太小了。

南非总统曼德拉在就职典礼上，他竟请来当年看守他的三名狱卒并视为贵宾。人们大惑不解，他说，那段牢狱岁月，使他学会了控制情绪，也学会了处理苦难带来的痛苦，并在众目睽睽之下，站起身来，真诚表达对这三名狱卒的敬意。这个举动，令在场的人肃然起敬，也令世人敬佩。这个举动，不仅让虐待他多年的南非白人无地自容，也展现了曼德拉非凡的大度和格局。

能力固然重要，格局更不可小觑，有能力的人走得快，有格局的人跑得远。拥有怎样的格局，就拥有怎样的命运。格局不够大，人生成就再高也有限。能力扬起了格局的帆，就能够漂洋过海。要想放大自己的格局，就需要站在不同的位置感受不同的风景。一个人的脑子能同时容纳两种相反的思想，而无碍于其处世行事，这是测验一个人的智力是否属于上乘的一个基本标准。正反对比，全面考量，举一反三，触类旁通，这是智者的智慧。

大格局有大气量，有开阔的心胸，没有因环境的不利而妄自菲薄，更没有因为能力的不足而自暴自弃。而我们有的人，弄不清什么是大格局，什么是小格局。评职称的时候，因名额限制，有的评上了，心里高兴；有的没凭上，牢骚满腹。他觉得我并不比谁差，为什么别人评上了，我没评上。不仅感到委屈，还怨天尤人。职场晋升也是如此，有的职务升上去了，有的工资涨上去了，有的待遇也跟上去了。有的人没能如愿，就心怀不满。这种人想不通看不明，一味打着自己的小九九，转着自己的小圈圈，想着自己的小乌纱。当个人利益和国家利益发生错位时，不能正确对待。这样的气度，这样的胸怀，这样的格局，你怎么能成大器，还怎么能有大作为？

一个人成功的大小，不会超过他的思考格局。对大是大非的判断也体现着一种格局。小事小非，不必纠结。大是大非，泾渭分明。有格局的人，可以把不大不小的事情办得圆满，把不忙不闲的工作做得出色，把不多不少的收入花得妥帖，把不咸不淡的日子过出滋味。心胸小的人，往往会因为有诸多不如意而一筹莫展，因为一点小小的挫折就心灰意冷。眼光短浅的人，看待问题的时候，常常是一叶障目，不见泰山。

做人大气有多少，成功就会有多少，因为胸怀，才是成功者的标志。大气是一个人的气质或气度，是一个人内心世界的一种外观表现，是一个人综合素质对外散发的一种无形的力量。大气的人，谈吐大方得体，处世自然和谐，生活态度平和，不狂妄，不懈怠，不该出手的时候镇静自如，该出手时当机立断，让人瞠目结舌。大气的人，总能高屋建瓴，一览众山小。大气的人，让人感觉厚重，像一本大书，百读不厌，爱不释手。大气的人，不轻不浮，不急不躁，无论在任何情况下，城府在胸，荡气回肠。

一个人的发展，往往受局限。其实局限，就是格局太小，为其所限。谋大事者必要布大局，对于人生这盘棋来说，我们首先要学习的不是技巧，而是布局。爱占便宜的人，终究占不了便宜，你只想捡到一棵草，往往失去一片森林。只想不吃亏，早晚会吃亏。

大格局有大方向，不因外力而改变。有格局的人，不仅能在困境中忍受屈辱，而且能在屈辱中负重前行。格局决定了结局，只盯着树里的虫子不放的鸟儿，是不可能飞到白云上的。有格局的人，不仅能力超群，而且有胆识有策略，能够执行大的战略。大格局是一种深度，大音希声；大格局是一种品性，大巧若拙。

思想上的渺小，比银行里没有存款更加可怕；知识上的浅薄，比丑态更为恐慌。对他人的成功像对待自己的成功一样充满热情。学最好的别人，做最好的自己。借人之智，成就自己，此乃大格局。

大格局不是与生俱来的，不是先知先觉，与当下环境没有必然联系。格局是一个人对自己目标的准确定位。知识和技能是内力，合适的平台和丰富的人脉是羽翼。如果你能充分利用一切有效资源，让自己的每一天，处于上升的阶梯。那么，未来的大格局与大发展，将不仅只是一个梦，而是一个真实的舞台。

如果把人生当作一盘棋，那么胜负的结局就由这盘棋的格局决定。欲想取胜，关键在于能否统筹全局，运筹帷幄，调兵遣将，未雨绸缪，运用自如。如此，楚河汉界，方可决胜千里。

抱怨生活对你不公平的时候，想想自己用心努力过什么？有的人，一辈子做两件事——不服、争取，所以越来越好；

有的人，一辈子只做两件事——等待、后悔，所以越混越差。抱怨命运不如改变命运，抱怨生活不如改变现实；现实无法改变，那就改变自己。

命是失败者的借口，运是成功者的谦词

不要活在别人的嘴里，也不要活在别人的眼里，而要把命运攥在自己手里。如果你正在埋怨命运不眷顾，那么请你记住，命是失败者的借口，运是成功者的谦词。失败者说，是命不好，心里却后悔，当初没尽力；成功者说，是命好，

心里却清楚，付出的是代价。

命运从来都不是可以等待的幸运，而是需要用心去努力地付出。经常抱怨生活的人，多半是自己跟自己过不去，觉得生活与自己处处为敌。如果命运给了你一个比较低的起点，那么，用你的努力去创造一个绝地反击的机会。当你抱怨的时候有的人在暗暗地努力，他们所承受的压力，一点都不比你少，当你忽然清醒，他们已经远远地跑在你的前面，所以趁着一切都来得及，收起你的自怨自艾，活在当下，立即行动，成就全新的自己。不要把自己所有的不如意都推给命运，因为命运没有那么可怕，他不过是忠实地记录了你努力的程度而已。当你抱怨命运的同时，也是在贬低你自己。勇敢地为自己的行为承担起责任，不要让命运为你背黑锅。

抱怨生活对你不公平的时候，想想自己用心努力过什么？有的人，一辈子做两件事——不服、争取，所以越来越好；有的人，一辈子只做两件事——等待、后悔，所以越混越差。生命中有许多你不想做却不能不做的事，这就是责任；生命中有许多你想做却不能做的事，这就是命运。人生就像一支铅笔，开始很尖，经历多了就会圆滑，承受不住，就会断掉，所以别去抱怨你经历的种种，学会承受，学会坚持，就能在白纸上画出美丽的风景。

人生的跌宕起伏，并不是由命运来决定的，而是你的信念和处世的心态来决定；生命像一条溪流，在岁月的原野上不断地流动着，如果你不主动地、有计划地掌握自己的航向，它就会随波逐流，消逝在连自己也不可知的地方；如果你自己不播下希望的种子，那么荒草便会蔓生。

不是命运决定了我们生活的质量，而是我们怎样生活决定了命运的颜色。也许在你光辉耀眼之时，生活却给你突如其来的打击；也许在你沾沾自喜时，命运给你泼一盆冷水；也许在你手足无措时，却生机忽现，柳暗花明。人的一生，尽管有很多事情不是我们能掌控的，但经历更多以后，我们就会明白，那些无奈和执着都是必须经历的，我们只有坦然面对，迎难而上才能赢得新的转机。

有一位盲人说，不曾懂事的时候，也抱怨过命运的不公平，但现在不这么认为，觉得命运不管如何，都不会把你逼上绝路。有时也在想，如果真的能够看见光明的话，就不会像现在一样，去寻找另一种不一样的人生。命运虽然给他一双看不见的眼睛，但是，它并没有剥夺他憧憬未来的权利。他可以接受命运特殊的安排，但决不能被未来提前抛弃。自己把自己的梦想逼上绝路是愚蠢的，要充分相信自己的潜能，那比你想象中的懦弱要强大许多。

人生有起有落，攀爬有上有下，起的时候要有落的准备，上的时候要有下的打算。既要感受春风得意，步履轻快，又要随时准备承受遭遇挫折的辛酸和失落；既要享受无限风光的尽兴，又要随时品尝高处不胜寒的落寞；既要能经得起台上的鲜花和掌声，又要随时准备面对台下的寂静和考验。

不管是好的还是坏的，没有一件东西可以永恒不变。当你失败、痛苦的时候，你要告诉自己，这一切都会过去的。当你成功、得意忘形的时候，你也要知道，这一切也都会过去的。人最容易犯的错误是，顺风顺水的时候骄傲自满，逆风逆水的时候自暴自弃。越是上坡路，越要低头走；当你走下坡路的时候，也要抬头看看远景，看看未来；在顺利的时候，多给自己一些忧患意识，忆苦思甜。

在生命的旅途中，一定会遇到各种挫折和困境，只要心头有一个坚定的信念，努力拼搏，就一定会渡过难关。每个人的心里都有一盏灯，不管遇到怎样的挫折和黑暗，重要的是信念不可被磨灭。在困境中，如果你认为自己真的失败了，那就会一蹶不振。如果你对自己说，一定要坚持，只有坚持下去，险途或许就可变成坦途，胜利就会向你招手。

无论位高位低，居上居下，都要保持一颗平常心。抱怨命运不如改变命运，抱怨生活不如改变生活；无法改变过去，那就改变现在；现实无法改变，那就改变自己，只要不懈努力，总有一样是可以改变的。

当自己还不是闪光的金子的时候，不要抱怨命运对自己不公平。抱怨是一种毒药，它会摧毁你的意志，降低你的身价，摧残你的身心，消减你的热情。要争气不要生气，要突破不要看破，要欣赏不要嫉妒，要拓展不要拖延，要行动不要被动，要学会让自己掌握命运的主导权，而不要让命运拖垮了自己。

命运不是放弃，而是努力；命运不是运气，而是选择；命运不是等待，而是把握。弱者顺从命运，勇者激活命运，仁者把持命运，智者改变命运。人生变数很多，没有人能承诺我们的一生永远是晴天；没有人能勾勒出命运的风刀霜剑；也没有人能给你开出长生不老的药方。外界虽不能把握，行动却可以产生力量。力量的源泉就来自于坚强的信念，信念是精神上的一种特殊能力。一个信念就是一把火炬，在它面前，一切障碍都得让路。

曾经有一支英国探险队来到了撒哈拉沙漠的某个地区。他们在茫茫的沙海里负重跋涉，阳光下，漫天飞舞的风沙就像烧红的铁砂一般，扑打着探险队员的面孔。他们口渴似炙，心急如焚——大家的水都没有了。这时，探险队队长拿出一支水壶，说："这里还有一壶水。但穿越沙漠前，谁也不能喝。"于是，一壶水，成了穿越沙漠的信念的源泉，成了求生的寄托。水壶在队员手中传递，那沉甸甸的感觉，使队员们濒临绝望的脸上，又显露出坚定的神色。最终，探险队顽强地走出了沙漠，挣脱了死神之手。大家喜极而泣，用颤抖的手，拧开了那壶支撑他们精神和信念的水——但缓缓流出来的，却是满满的一壶沙子。

接受不幸、屈服命运的人，最终会成为命运的奴隶。纵然遭遇不幸，积极挑战，不屈服命运的人，才能在不幸中获得成功。只要心头时时燃烧着坚定的信念，一往无前地走下去，你会惊讶地发现，很多所谓的远方，其实并不遥远。

谁是命运的主宰者，那就是自己，也就是说，我的命运我做主，想改变命运一定得靠自己。命运是掌握在自己手中的，盯住自己的目标，以目标为中心，走到哪里，哪里都是舞台。在恐龙灭绝之前，地球上就有了蚂蚁。蚂蚁家族这种永恒的兴盛，源自它们极强的适应能力和永不向命运低头的意志。体型弱小的蚂蚁，创造了生物界的四个奇迹，一是生存时间最长，二是活动空间最广，三是数量多得惊人，四是本领超出想象。它们以无比强大的生命力傲视群雄，它们用弱小的身体谱写着生命的赞歌。只要给蚂蚁方寸之地，不管环境多么恶劣，它们都会顽强而乐观地活下去。即使被人踩在脚下，纵然被水淹没了身躯，它们也从不放弃爬行的希望。蚂蚁从不怨天尤人，就算死去，后来者也会赴汤蹈火地抗争下去，决不向任何强势和险境低头认输。

蚂蚁尚且如此，说到人类的命运，我们生存的意志和能力更应该超越动物界。让磨难结出果实，挂于我们的生命之树。经历了诸多的磨难，我们的生命将显得更加厚重。如果生活给我们一个困难，我们就还它一个解决的办法与结果，它将变成基石供我们向上攀登。让我们不惧困难，向远方出发，坎坷的道路也将变得平坦。

贝多芬是德国著名音乐家，正当他在音乐的世界里陶醉忘返的时候，他的健康被一连串的疾病摧折了，更为痛心的是，不到30岁的时候，他的耳朵聋了。对于音乐家来说，耳朵是何等重要，而他却勇敢地向命运宣战，不顾双耳的嗡嗡作响，把命运当作悲剧的避难所，一件又一件地完成他的作品。他坚定而乐观地说，我要扼住命运的咽喉，它决不能使我完全屈服。尽管听不到台下的声音，但是，他指挥《合唱交响曲》，一次次地获得了巨大的成功。痛苦能够毁灭人，受苦的人也能把痛苦毁灭。创造就需要苦难，苦难是上帝的礼物。在痛苦艰难的遭遇里，百折不挠，这就是卓越的人与常人的一大区别。在贝多芬去世前一年，他曾这样说：“我的箴言始终是，无日不动笔。如果我有时让艺术之神瞌睡，也只为让它醒后更兴奋。我还希望再留几件大作品在世上，然后如老小孩一般，结束我尘世的途程。”贝多芬的伟大，决不仅在于他是一名音乐家，他有在经历了人生的大苦大难以后，铸造精炼的美丽灵魂。对于命运来说，他是伟大的英雄，他的音乐，就是这种强大的英雄心的表现。

一个人越懒，明天做的事就会越多。没有任何人，以游手好闲赢得他人的赞赏；更没有任何人，以好逸恶劳而得到他人的尊重。

若不抽出时间来创造自己想要的生活，到最后，你不得不花费大量的时间，来应付那些你不愿意经历的生活。

勤奋是时间的主人，懒惰是时间的奴隶

我始终认为，只有勤奋的人可以幸福，不论是自己还是身边来来往往的人，没有一个因为勤奋而不幸，懒惰的人只能走向更悲惨。懒惰虽不会让你一下子跌倒，但会在不知不觉中减少你的收获；勤奋也不会让你一夜成功，但会在不知不觉中积累你的成果。时间不等人，在我们能够完成的时候

要抓紧时间去做，不要等没有能力和条件的时候，才后悔错过了最好的时机。

时间对每个人都是公平的，你善待它，你就能在岁月的沉淀中收获满满；你挥霍它，它就会在你不经意间悄悄溜走。因为，在这个世界上，只有时间不会骗人，只有时间能见证一切。

一个人越懒，明天做的事就会越多。偷懒，其实是预知了本不该属于当下的舒适，当未来你需要某种能力时，你一定会后悔此刻偷懒所虚度的光阴。没有任何人，以游手好闲赢得他人的赞赏；更没有任何人，以好逸恶劳而得到他人的尊重。没有什么路是白走的，没有什么事情是白做的，现在看的不会立即见效的努力，其实都是你成长的基石。从时间中汲取营养，来丰富自己的生活，这就是幸福的秘笈。若不抽出时间来创造自己想要的生活，到最后，你不得不花费大量的时间，来应付那些你不愿意经历的生活。

韶华易逝，人生短短几十年，怎么来分配你的时间，这是一个深奥的课题。愿意选择勤奋还是懒惰，主动权就掌握在你自己的手中。懒惰久了，努力了那么一阵子，你就开始以为自己在拼命。但你不知道，你仅仅只是自己感动了自己一小会儿。若不刻苦努力，有多少懒惰的借口，就有多少难咽的苦果等着你吞下。花在玩乐上的时间越多，花在学习上的时间就越少，你的惰性就越张扬；花在打发无聊上的时间越多，用在思考和琢磨上的时间就越少，你改变自己的机会就越来越少；花在物质享受上的时间越多，充实精神空间的时间就越少，你的生活就越来越枯燥。没有行动，懒惰就会生根发芽，没有梦想，堕落让你走向深渊，时间越长，根就会越来越深，到时候想站起来，就是一件困难的事。懒惰只会让人丧失斗志，泯灭意志，进而消极倦怠地苟存于世。而勤奋与打拼，才是一种积极的生活态度，更是获得人生成功的必由之路。

著名国学大师陈寅恪，出身于书香门第，30多岁任清华大学教授，被称为公子之公子，教授的教授。按理说，他不需要刻苦，就可以轻而易举得到一般人即使刻苦也得不到的成就。但是，恰恰相反的是，他比一般刻苦的人还要更刻苦，比一般勤奋的人还要更勤奋。正因如此，他留学海外，择其所需，取其精要，宁可不要大学文凭，也要刻苦探索真知灼见。也正因如此，他用他的勤奋，先后掌握了十几门外语，成为中国现代百年以来，最负盛名的国学大师。

其实任何收获，都不是白手可得，也不是天上掉下来的，更不是撞大运撞来的。所谓走运，只不过是花了别人不愿意花的时间，下了别人不愿意下的功夫，吃了别人不愿意吃的苦，忍了别人不愿意受的痛，最后才得到应有的结果。

时间没有偏见，没有贵贱老幼之分，对于每个人来说，它都是公平的。时间也是残酷的，你不把时间当回事，时间就把你当儿戏。一寸光阴一寸金，时间抓起了就是黄金，溜走了就是流水。你之所以觉得时间一年比一年过得快，是因为时间对你一年比一年重要。时间不一定能证明什么，但一定能让你看透什么。时间在哪里？是不是就攥在自己手里？掌握了时间，你就是主人；浪费了时间，你就是奴隶。

国画大师齐白石，古稀之年仍笔耕不辍。他在一幅画作上题过这样一段话：“昨日大风，心绪不安，不曾作画，今朝特此补充之，不教一日闲过。”白石先生的勤奋精神，由此可见一斑。如此大家，尚有不闲一日之精神，我辈芸芸众生，若不勤奋努力，焉有些许之成功？

有些人，觉得自己有些不快乐，似乎是既无法忍受当前的窘态，又没有能力改变眼前的一切。你尽管可以像猪一样懒惰，但是又无法懒惰得像猪一样地心安理得。在时间的长河中，人的一生显得如此微不足道。正因为人的生命短暂，所以在有限的时间内，要全力以赴，去实现自己亲手描绘的人生蓝图，在回望自己的人生时，才不至于追悔莫及。

勤奋可以弥补聪明的不足，但是聪明无法填补懒惰的缺陷。时间从来不回头，而人却断不了常回头。常回头看看，看看人生苦短，看看阴晴圆缺，看看生命来之不易。把握住了时间，就掌握了生命的价值。在短暂的人生旅途中，又该如何施展自己的才华，在生活的舞台上演奏出最佳的旋律？这就需要我们不断地拼搏进取，用生命的价值来书写人生交响曲，塑造自己的亮丽人生。保尔·柯察金说过，人最宝贵的是生命，生命对于每个人只有一次，人的一生应该这样度过：当回首往事时，他不会因为虚度年华而悔恨，也不因碌碌无为而羞耻；在他临死的时候，他能够说："我已经把我的生命和全部精力都奉献给了世界上最壮丽的事业。"

古希腊哲学家苏格拉底说过，当许多人在一条路上徘徊不前时，他们不得不让开一条大路，让那些珍惜时间的人赶到他们前面去。时间在勤奋的人手中，是催人前进的动力；在懒惰的人手中，都变成了过眼烟云。勤奋不一定有好结果，但懒惰一定不会有好回报。勤奋的人充实，自信，生活充满阳光，即使忙碌，也感觉身心愉悦。懒惰的人空虚嗟叹，胸无大志，庸庸碌碌，不知所终。人不能延长生命的长度，但可以拓展事业的宽度。

勤奋的人，总是孜孜不倦地去学习，学海无涯，不知疲倦。越是博学多才的人，越是觉得学识无边无际；越是平庸浅薄的人，越觉得自己比谁都高明。其实，这样的高明并不是真的高明，那只不过是一种对浅薄的掩饰。懒惰的人相信天才，博学的人恪守勤奋。

即使学习会带来痛，那也是痛并快乐着；不学习所带来的苦，那才是终身的苦。自来水是水压压出来的，时间是人的自律挤出来的。谁对时间越吝啬，时间就对谁越慷慨。勤奋的人是时间的主人，懒惰的人是刻苦的奴隶。亲近了时间就赢得了主动，疏离了时间的人，时间也会毫不留情地抛弃你。你珍惜时间，时间就与你形影不离；你冷漠时间，时间就与你擦肩而过。

鲁迅先生一生视时间如生命。12岁读私塾时，父亲身患重病，他上当铺，跑药店，做家务，还要照顾两个小弟，一天到晚忙得不亦乐乎，但他从来没有一天耽误过学业。有一次，鲁迅在家里帮助母亲干活，偶尔迟到，老师狠狠地责骂了他一顿，挨训以后，他并不因为受了委屈而埋怨老师和家庭，反而诚恳地接受了批评，这更加促使他珍惜时间。从此，他对时间的安排更加精确。于是，他用小刀在书桌上正正方方地刻了一个“早”字，时刻提醒和鞭策自己，再也不能迟到。一个早字，深深扎根在鲁迅心里，伴随着鲁迅走过了光辉的一生。

勤奋是成功者的通行证，懒惰是失败者的墓志铭。我们向往着成功，就要对生活充满着热爱，对时间充满着敬畏。我们点点滴滴的勤奋，是献给时间的宣言；我们栉风沐雨的打拼，是献给生命的承诺。正是因为生命的短暂和不确定性，时间才是如此珍贵，才是如此需要珍贵。

昨天的事，我们只能回忆，但不能留恋；今天的事，我们只能努力，但不能懈怠；明天的事，我们只能憧憬，但不能依赖。时间就是海绵里的水，你若珍惜，挤一挤，就会有一分钟加一分钟的积累，把这宝贵的时间好好利用，那就是一笔宝贵的财产。每天多看一页书，你就会多有一点长进；每天多付出一点努力，你就会多有一点收获。以积极进取的勤奋去求索，以时不我待的刻苦去求知，以只争朝夕的情怀去求学。从梦里醒来，从现在开始。

学习是知道别人怎么做，思考是知道自己该怎么做。当你的才华配不上你的野心时，请静下心来好好学习。

如果你能把学到的知识化作解决困难的利器，你就能击败人生路上的诸多困难；

如果你能把学到的知识化作开启智慧之门的钥匙，你就能解答人生中一道道难题。

此刻打盹，你将做梦，此刻学习，你将圆梦。

知识改变命运，学习成就未来

一个人从生到死，都是一个不断学习的过程。无论你从事什么职业，无论你多大年纪，都需要不断地学习。因为学习能改变命运，学习能成就未来。如果把学到的知识化作解决困难的利器，你就能击败人生路上的诸多困难；如果把学到的知识化作开启智慧之门的钥匙，你就能解答人生中一道道难题。

当你的才华配不上你的野心时，请静下心来好好学习。学习是知道别人怎么做，思考是知道自己该怎么做。社会上流行着这样的一个“文盲理论”，如果一百个学习的，有一个混得不好，有些人会说读书没用；一百个不读书的，有一个混出名堂，就会说不学习照样混得好。一个连学习都嫌累的人，很难咽下生活的苦。那张文凭，虽然许不了你飞黄腾达，却也至少在你想要摆脱某种苦难的时候，赋予你一点点能力和资格。受教育不是为了站上顶峰，而是为了不跌入谷底。

学习的意义是什么？是为了看到更大的世界，是为了让自己有更多自由选择人生的机会。知识可以让人突破力量的桎梏，随着时间的沉淀，人的智慧也将越来越高，唯独知识是不会随着岁月老去的，即使年华不再，知识依然是人最有力的精神支柱。学习的核心是什么？很多人没有搞明白，因为他们根本没有触摸到学习的核心。普通人向别人学习，聪明人向自己学习，智慧人向红尘学习。真正的智慧人，吃喝拉撒睡，都在学习和成长。很多人以为进了课堂，才叫学习。学习是从点滴养成，在工作中学习，在生活中思考，在总结中提高，以工作推动学习，以学习推动工作，达到交融、互动、转化的效果。

学习是一场归家的旅途，在行走中寻找自己的精神家园，在飘忽不定的天地间寻找心灵的慰藉。学习知识可以让我们相信，自己的人生是可以通过学习来把握的。学习是人生永恒的一道风景，伴着人的诞生而开始，随着人的成长而成熟，踏着人生前进的脚步而升华，成为人生须臾不可离的法宝。

学习是生命本质的需要，在维持生命乃至丰润生命的过程中，需要用学习捍卫生命的尊严，抵御混浊的世俗与恶习对生命的肆虐。学习是生活的需要，要维持生活，提高生活质量，需要用学习提升生活的品位；学习是工作的需要，要创造出一番事业，必须学习并掌握劳动技能，获得与岗位相匹配的能力和水平；学习是人生的基本需要，要点亮人生，实现人生价值，必须努力学习，不断积累。

学习只有起点，没有终点。不学习你就是精神上的残疾人，绝大部分梦想都无法实现。美国有一位“摩西奶奶”，毕生在农场度过，以刺绣乡村景色为乐，直到76岁时因关节炎越发严重转而开始作画，她的女儿将她的画带到镇上的杂货铺，意外被一位收藏家相中，从此踏上了绘画之路，成了闻名世界的风俗画大师。由于一生在农场的经历，她的画色彩明快，贴近生活，又有细腻的感情和独树一帜的风格，使她的画迸发出与众不同的魅力。有人将她的随笔出版成了书籍《人生永远没有太晚的开始》。有句俗话叫“活到老学到老”，无论何时，学习都是成就自己必不可少的一步。

按照西方流行的“知识折旧”定律的说法：“一年不学习，你所拥有全部知识就会折旧80%。”因此任何人都不敢轻易断言不再需要学习，这就要求我们把学习从单纯的求知变为工作方式和生活方式。在知识经济的大潮面前，无论是个人还是社会，无论是国家还是政党，只有主动学习，终身学习才能永葆生机与活力。

学习是一个过程，它需要你付诸行动。知识从来不属于懒惰的人。只有刻苦学习，我们的生命之树才能结满丰硕的果实，只有刻苦学习，我们才有力量向理想的目标靠近，只有刻苦学习，我们才会创造崭新的自我，用执着的追求书写无悔的人生。鲜花和掌声从来不会赐予好逸恶劳者，而只会馈赠给那些风雨兼程的前行者；空谈和散漫决不会让你美梦成真，只会留下“白了少年头，空悲切”的慨叹。

只学而不练习，等于白学，学习不是嘴里嚷嚷表个态，学习不是拿本书读读装个样。学习是和智慧聊天，用别人的经验，长自己的智慧。正是学习让人的生活更加丰富，人将学到的东西运用到现实中来，更多的人再次从中学习，不断地进步，不断地提升自己的境界。学习可以知道自己原来不知道而且也没有的东西，这样收获到的东西我们通常认为是知识。你学到的知识就是你拥有的资本，你可以白手起家，但不能手无寸铁；你可以没有一纸文凭，但不可以忽视学习。

我国著名的数学家陈景润，原本家境贫寒，在一家杂货店当学徒，但是他并不屈从命运的安排，而是自强不息、潜心钻研，以至于后来成就了让世界为之震惊的“哥德巴赫猜想”，也从此改变了自己的命运，他用自己的毅力缔造了“知识改变命运”的神话。

人之所以能凭借单薄的肉体战胜强壮的动物，是因为人会从万物间获取知识，这才有了今天的人类社会，才有了现在愈加发达的科技。纵观整个人类的发展史，不断学习新的知识是人类发展、进步的关键，任何一个时代的人都不会忽视学习知识的重要性。三国时代，诸葛亮上知天文，下晓地理，运筹帷幄，决胜千里，这力量就来自于知识；一代伟人毛泽东博览群书，海纳百川，领导全国人民改变了中国的命运，用知识谱写出了光辉的篇章；是知识，让高尔基扼住了命运的咽喉；是知识，让爱迪生从贫民窟走入了曼哈顿；是知识，让轮椅上的霍金成了全世界的骄傲。

学习是一种渴望、追求。古往今来人们崇尚学习，尊重知识，努力发奋学习，使学习成为人间的一道永恒的美好的主题。人们对知识的渴望、需要是无穷尽的，这种无穷尽的渴望在无穷尽的知识中延伸，变成了社会发展、人类进步的永恒。学习是一种永无止境的奋斗，需要刻苦、勤奋。知识的火花，只有在勤奋的磨石上才能迸发。于是才有了古代先贤的“头悬梁，锥刺骨”“萤窗雪案”“凿壁偷光”的美谈佳话。读书没有捷径，来不得半点虚伪，古今中外，凡是集知识之大成者，无一不是由勤奋而来。当你不想学习或者厌恶学习的时候，请记住，你现在的努力，都是方便以后有多项选择的机会。请不要把曾经偷过的懒变成打自己脸的巴掌。

学习是人生的一大幸事。学无涯，思无涯，其乐亦无涯。人生有许多困惑、许多悖论、许多选择，当你面临迷惘和痛苦的时候，你可以去学习，用学习抚平你的愤懑，使你冷静沉着，帮你寻找答案。学习归根结底是通向光明的抉择，它启迪人的智慧，使人不至在迷茫中蹉跎人生，而是在面对岔路时能够坚定地选择自己的方向。

学习是人成长的必由之路，但如果一味地学习，不加思考或梳理，哪怕汗牛充栋也是徒增累赘。正如《论语》所言，“学而不思则罔”，我们不能像古时的无用书生，满口之乎者也，满目痴呆迂腐。吾生也有涯，而知也无涯，以有限的生命追求无限的知识显然是不自量力。因此，有智慧的人便从无限的知识中拣出最精炼的部分，对其进行梳理或思考，则能举一反三，处理、思考问题也会因之变得清晰、干练，于无形中彰显出自己特有的气场。这正是我们所说的“效率”。

个人因学习而成长，民族因学习而进步，政党因学习而强大，国家因学习而富强。一个重视学习的社会是人文气息浓厚的社会，一个重视学习的民族是充满希望的民族，一个重视学习的政党是与时俱进的政党，只有这样，国家才能在错综复杂的国际形势中赢得尊重，掌握主动的话语权。

知识改变不止个人的命运，学习也将成就国家的未来。梁启超在其《少年中国说》中的一段话，广为人们熟知：“少年智则国智，少年富则国富，少年强则国强。”在当今社会，也可以这样说，青年智则国智，青年富则国富，青年强则国强。青年人的刻苦进步才是国家强大的前瞻，而老一辈人的勤奋学习则是少年人的榜样和激励。对于每一个人来说，学习是丰富自身的工具；对于一个文明的社会来说，学习是推动时代的马达，以知识为燃料，我们便能全速前进。

学习的道路虽然艰辛，但只要不辞辛劳，终究会有所收获。说到这里，不妨说，我们穷极一生，总在不断求索追寻着学习的意义，探索着如何成就未来的自己。没有人因为学习而倾家荡产，但一定有人因为不学习而一贫如洗；没有人因为学习而越来越贫，但一定有人因为学习而改变一生。如果你想成就未来，必须从学习开始。

此刻打盹，你将做梦，此刻学习，你将圆梦。

人一生吃的饭，并没有体现在我们的外貌上，但从小到大，这些饭都长成了我们的血和肉。读书也是如此，就像锻炼身体一样，不一定马上见效，但智慧会像你的筋骨一样强壮起来。

唯有读书不能辜负你的今天

不少人都会有过这样的疑问，读书到底有什么用处？我有时也会想这个问题，然而这样一个巧妙的回答让我醍醐灌顶，这也是我见过的最好的回答：我一生吃的饭，并没有体现在我的外貌上，但从小到大，这些饭都长成了我的血和肉。读书也是如此，就像锻炼身体一样，不一定马上见效，但智慧会像你的筋骨一样强壮起来。

读书虽然不能带给我们更多的财富，但它可以给我们带来更多的机会。书看了是知识，没看就是废纸。读书有两种收获：一是通过读书知道了原来不知道而且也没有的东西，这样收获到的东西叫知识；二是通过读书知道了自己原来已经有但没有意识到的东西，这些东西是自己感悟到的，称为智慧。你要记住，读书不是为了让你富裕，而是让你沉着；读书不是为了让你看得见繁华，而是让你耐得住寂寞。一个人可以没有富庶的生活，但不能没有富庶的生命。

当你爱上读书，世界就会爱上你。读书与不读书的人，日积月累，终成天渊之别。读书和学习都是在和智慧聊天，用别人的经验长自己的智慧，何乐而不为？读书可以获知人类最精华的智慧，读书可以足不出户便体验别样的人生，读书可以让我们更宽容地去理解这个世界有多复杂。因此，把读书变成一种习惯，不但会丰富你的思想见识，还会让你长久地保持个性和魅力。书是我们最好的朋友，它会愉悦我们的心情，陶冶我们的情操。和书本结缘，会使我们不再感到孤独和黑暗；和书交友，会使我们看到希望和光明。

一个不读书的人，认知的范围只局限在自己的思维里。只读一点书的人，对世界的认识也只是一知半解。习惯读书的人，会看到一个更宽广、更复杂的世界。读书的最终目的，是寻找内心的光明，遇见最好的自己。

书是通往智慧的直线，让你看得清自己，看得见别人，看得到未来。书虽然不能直接帮你解决问题，但会给你一个不一样的角度。不读书的人，看到的只是别人画给他看的美好世界；读了书之后，你就认识了黑暗和丑陋；只有读了更多的书之后，你就站在了巨人的肩上，你的生活会变得更加灿烂和辉煌。如果你半夜醒来，发现自己已经长时间没读书，而且没有任何负罪感的时候，必须知道，你已经堕落了。不是说书本本身有多了不起，而是读书意味着你还没有完全认同于现实，你还有追求，还在奋斗，还在寻找另一种可能。

读书让人拥有富足的内心，那是千金不换的财富。很多时候，我们可能忘记了书中的内容，理解不了它所要表达的情感，也许最后只是谈及书的名字时，知道看过这本书。但是，读书能让你明白世界，看清自己，让自己在无依无靠或无所事事的时候，有一种严肃的力量推动着往前走。你从书中得到的见识、丰富的涵养，以及这些所能带给你的机遇和满足，都是金钱无法与之相提并论的。

爱读书的人，他的学问不一定高，但一定是有文化素养的人；有学问的人，一定是爱读书的人。因为爱书的人，总能从书里得到有用的东西。无论是俗世故事，还是高谈阔论，他们都能从中获得启发，进而升华自己的内涵。

罗曼·罗兰曾说，人们常觉得准备的阶段是在浪费时间，其实，只有当机会真正来临，而自己没有能力把握的时候，才能觉悟到自己平时没有准备才是浪费了时间。读书，就是在可见的未来成为最好的自己。一个人内在越丰富，对人性就越了解，外在的需求就越少，内心的宁静就足够让我们走得更从容。

在快速浮躁的社会环境下，沉静下来去阅读，你将会收获到快餐文化所无法承载的积淀。读书，能让人保持澄澈安定的心境，更从容、更明白地做好自己生活的修行；读书，能带给你排山倒海，穿透视听的精神力量；读书，能指导你、塑造你，将你送往更高远的未来。

读什么书就代表你是什么样的人，买什么书就是在给下一代指引什么方向。2014年，在杭州图书馆，经常有一位拾荒老人坐在馆内读书。老人看书前，必定要把手洗干净，人们纷纷为老人对书的爱惜而感动。当人们深入了解才发现，老人并不是一位流浪汉，他叫韦思浩，是老杭州大学中文系的毕业生，退休前曾任中学一级教师。次年年末，老人不幸车祸离世，在整理老人遗物时，才发现原来老人的高尚之处，远远不止于爱书，甚至连家人都未曾发现，老人多年来把自己大部分的退休金和拾荒得来的钱，投入到帮助读不起书的孩子们身上，多少人不禁落泪，缅怀这位无私的老人。从他的身上，我们看到了一个真正的读书人爱书、惜书的精神。也许正是由于这份爱惜，老人才更加挂念那些无书可念的孩子；也是由于读书，才让世人注意到这位品德高尚的老教师，才让这份正能量不至埋没在人群中。

生活中，在各种世俗的原因下，我们的生活圈子总是不可避免会相对固化，而书籍却能带我们穿越时空，神交古人。读书，能让我们和先贤哲人做一次跨越时空的交流，聆听一下他们的教诲，接受他们的指导。通过读书，别人的经历成了自己的积累，让自己在人生途中少一点弯路，更好地成长。

上学的时候，我们就常听一句话：书是人类进步的阶梯。那时候，总有人觉得这话太过夸张，认为这都是读书人为了抬高自己的身价扯出来的幌子。一帮不学无术的女孩聚在一起，号称所谓的姐妹，以为有了姐妹就有了全世界。她们在一起聊好吃的、聊穿的、聊化妆品，想的是网上购物、刷微信、刷微博、追韩剧。而一帮无所事事的男孩聚在一起，号称所谓的哥们，以为有了哥们就有了天下。他们在一起逃课、抽烟、打扑克、玩游戏、看玄幻甚至约架，以为这就是疯狂，这就是该有的青春。

他们看不起那些不会化妆、不会打扮、一天到晚只知道读书的好学生。还骂那些好学生是书呆了，骂他们傻，只知道读书。殊不知，两三年后，好学生上一本，甚至上清华北大，而他们却要考虑去三本，去高职高专甚至考虑要不要南下打工。

随着年龄和阅历的增长，我们才开始明白，书的确可以使人进步。从小事来说，读的书多，至少在见到晚霞美景时，脑海中浮现的是那句“落霞与孤鹜齐飞”，而不只是一句单薄的“多好看的云彩”；从大事来说，读的书多，人就能在有限的生命中接触到原本难以获得的见识，从而在做出决断时，能有法可依、有据可循。

古人说得好，万般皆下品，唯有读书高。书如扁舟，载着读书的人在生命的长河中行驶；书如灯火，驱散读书的人在黑夜里的不安；书如北辰，指引读书的人向心中的康庄大道奔跑。无论你多么强大、多么优秀，都要多花点时间读书，提高专业技能。放弃那些无用的社交，提升自己，世界才能更大。

读书学习虽不能改变人生的长度，但可以改变人生的宽度；虽不能改变人生的起点，但可以改变人生的终点。所以要多读书，即使读书不会让你梦想成真，但是读书会让你离梦想更进一步。一个不读书的社会是人文精神缺失的社会，一个人文精神缺失的社会是病态的社会；一个不读书的民族是创造力贫乏的民族，一个创造力贫乏的民族是没有希望的民族。

人生是一本大书，能读进去读懂的是聪明，能读进去也能读出来的是智者，能读出来并能渗透的是聪慧。只有真正读懂自己，才能读懂人生这本大书。

昨天的踌躇不前，不再追思；今天的守株待兔，不再期盼；明天的等待，也不再幻想。何必为昨天的痛苦而痛苦，何必为今天的忧虑而忧虑。不要纠结于现时，不要忧虑于未来，向昨天要经验，向今天要动力，向明天要成果。

你有无数个明天，但今天只有一个

人生有三个三天，很值得玩味。迷惑的人活在昨天，奢望的人活在明天，只有清澈的人活在今天。

昨天已经过去，是过了期的支票；明天还未来到，是不可提取的支票；只有活在今天是最真实的一天。为明天做最好的准备，就是不辜负今天。你无法留住昨天，但如果过于忧虑明天，那么你将会荒废今天。

一生中，什么时候最重要？是现在。过去不论多么值得回忆和怀念，它已像沉船一样沉入海底；明天不论多么辉煌，它都还没有到来；而今天不论多么平常、多么暗淡，它都在我们的手里，由我们支配，这是我们拥有的唯一财富。

多数人的念头是一样的，想当上大老板，娶上白富美，攀上人生巅峰。多数人的生活模式也是一样的，朝九晚五上下班，吃饭睡觉侃大山，然后重复一模一样的今天。谁不想青春不老，却无法做到。谁不想功成名就，却也难上加难。谁不想成就自己，却无法等到。谁不想出类拔萃，高人一等，可又有几人能成为幸运儿？

其实，芸芸众生，看似弱小，却心比天高。想要避开的事情，很多很多，谁也数不清，谁也道不明。然而，不可否认的是，时时都有人行走在红地毯上，接受着鲜花和掌声。号乐高奏，鞭炮炸响，他们排斥着昨日的排斥，嘲笑着昨日的嘲笑，讥讽着昨日的讥讽。他们傲视着昨日的打击，傲视着昨日的冷漠，傲视着昨日的无情。他们人气爆棚，昂首挺胸，目空一切，为我独尊。他们已变得不是昨天的自己，他们已旧貌换新颜，他们已变得面貌全非。

羡慕别人，不如做好自己。下定决心，从自己做起，从今天开始，从当下着手。今天可以料到，明天的你一样可以看到一个不一样的自己。每天学习一点点，每天积累一点点，每天收获一点点。点点滴滴，滴滴点点，日复一日，年复一年，水滴石穿，水到渠成。

世上除了生死，其他的都是小事。学会在困难面前微笑，困难就变得容易了；学会在坎坷面前微笑，坎坷就容易跨越了；学会在生活中微笑，生活就变得多彩了。不管遇到什么烦心事都不要为难自己，无论今天发生多么糟糕的事，都不要对生活失望，因为还有明天。再也不用哀伤昨天的低落，因为今天的太阳已经升起。每一个清晨，都是一个希望，像云彩那样面带微笑。今天的大地，依然是生机勃勃，像江河里的大浪淘沙，带着昨天的浪花，迎唱着清风杨柳。天空白云朵朵，今日神采奕奕。

人生因有每一个今天而充满活力。今天的大地，热火朝天，唯见电线杆默默无闻，没有报怨和呻吟，也从来没有一声怒吼，它所输送的能量，却点亮了万家灯火。昨天已成为历史，今天是考验的延续，沉淀是明天的必然。

请不要老得太快，也不要明白得太晚。每天给自己一个念想，纵然是一个小小的念想，也会积攒成明天的希望。不为明天而烦恼，不为昨天而叹息，不为今天而惆怅。轻装上阵，不要带着太多的牵挂走进今天，也不要把你的哀怨留在昨天。昨天就是昨天，今天就是今天，如果觉得昨天白过了一天，那么你今天就不要重复昨天。如果你沉迷在幻想的昨天，那么，其实你的心境每天都在慢慢变老。

只要还有明天，今天就永远是起跑线。何必为昨天的痛苦而痛苦，何必为今天的忧虑而忧虑。过去的已经一去不复返了，再怎么悔恨也无济于事。未来还是未来，可望而不可即，再怎么忧虑也会空悲伤。过去的还是过去，一去不复返。现在的就是现在，要激情澎湃。我们要今天的心、眼下的人，都朝着明天那个目标。

如果今天不生活在未来，那么你的未来必定生活在过去。做好今天的事，就是对今天的尊重；做好当下的事，就是对当下的馈赠。决定今天的不是今天，而是昨天对人生的态度；决定明天的不是明天，而是今天对事业的作为。我们的今天由昨天支撑，我们的明天由今天指引。昨天已经过去，明天尚未到来，能拥有的就是今天，今天的耕耘，就是为明天的收获做准备。今天没有行动，明天就得奔跑。今天的理想和愿望，才有可能在明天山花烂漫。

不要埋怨任何人和事，自己的今天是无数个昨天的叠加与累积。所以，最重要的是走好今天的每一步。每一个今天都值得明天纪念。今天的收获，是传给明天的捷报。今天的喜悦，是传给明天的动力。今天的进步，是传给明天的作为。是今天的艰辛，才赋予了生活的色彩。

昨天的踌躇不前，不再追思；今天的守株待兔，不再期盼；明天的等待，也不再幻想。只有牢牢抓住今天，脚踏实地，一步一个脚印，才不负明天的意义。

你不能左右气象，改变容貌，但你能改变心情，展现笑容；你不能事事顺心，样样顺利，但你可以处处尽心，事事努力；你不能改变预知的明天，但可以掌握自己，把握今天。不要纠结于现时，不要忧虑于未来，向昨天要经验，向今天要动力，向明天要成果。

时间不肯回头，只因希望总在前方，昨天带我们来到今天，今天领着我们奔向明天，你可以走昨天的路，却永远踩不到昨天的脚印。放下昨天，看重今天，心向明天。不要埋怨任何人和事，自己的今天是无数个明天的累积。所以重要的是走好今天的每一步。既然时光不回头，人生亦当无怨无悔，做好当下，迎接未来，是最好的选择。只有今天的坚强自信，才会有明天的选择。只有今天辛勤的耕耘，才会有明天的丰硕成果。

一个没有责任心的人，即使使命扛在肩上，也是徒劳无益的。人不一定能使自己伟大，但一定可以使自己崇高。

只有担负起责任，才知道责任的艰巨；只有担负起责任，才能听清生命呼吸的声音；只有担负起责任，才能对得起自己的良知。

责任重于泰山，使命才是忘我的坚守

使命是核心，责任重于泰山。一个没有使命的人，就谈不上任何担当。一个没有责任心的人，即使使命扛在肩上，也是徒劳无益的。敢于担当使命，就不惧千难万险；勇于践行使命，就会一往无前，攻无不克，战无不胜。

责任从本质上来说，是人与生俱来的一种使命，它伴随着每一个生命的始终。责任是一种敬业的精神，是一种积极向上的心态，是一种胸怀博大的气概，更是一种气吞山河的气魄。古有诸葛亮“鞠躬尽瘁，死而后已”的奉献精神，张载“为天地立心，为生民立命，为往圣继绝学，为万世开太平”的意气风发，范仲淹“先天下之忧而忧，后天下之乐而乐”的忧国情怀，今有孙中山之勇往直前，以浩气赴事功，置死生于度外的慷慨气魄。古人先贤的嘉言懿行，都生动诠释了中华民族敢于担当的内在禀赋。

人不一定能使自己伟大，但一定可以使自己崇高。责任重于泰山，让我们明白了一个道理，应该怎样做人，做一个怎样的人。要有雄心壮志，有做大事之心。我觉得一个人只有有了责任心，才会喜欢自己的岗位，才会努力地工作，才会把工作做得更好。责任让人坚强，责任让人勇敢，责任也让人知道关怀和理解。因为当我们对别人负有责任的同时，别人也在为我们承担责任。责任就是对自己所负使命的忠诚和信守，使命就是忘我的坚守，也是人性的升华。

1864年，中亚一个军阀叫作阿古柏，侵占了我们大半个新疆，时任中堂的李鸿章说：“东洋海患甚劣，新疆赤地千里，不收复于我大清元气无损失。”而68岁的左宗棠却说：“疆防，海防二者并重，不可偏废。”于是，左宗棠借高利贷筹措起了粮草军费，带着湘军子弟赶赴茫茫大漠，随军的甚至还有一口空棺材。那里装着是左宗棠人在疆在的死战决心。凭着这样的决心，左宗棠艰难地打赢了这场在李鸿章看来毫无性价比的战争。你要问左宗棠黄沙百战是图个什么，很简单，新疆是我国疆防的安全线，所以我们一点都不能让。

100多年后，2001年的愚人节，美国人给我们开了一个充满恶意的玩笑，一架EP-3大型侦察机肆意侵入我国南海领空，我军两架歼-8战斗机跟踪监视。其间，战士王维的座机81192号与美机发生了碰撞事故，另一位飞行员赵宇说，王伟的座机被撞得犹如纸片一般破碎飞散，电台里面传来的是王维饱含悲愤的呼喊："这里是81192我已无法返航，你们继续前进，继续前进。"王伟肯定不知道，他用生命守住的南海已经成为我们最繁华的海上贸易通道，更是中国最重要的海上长城。

责任与担当是我们立身做事的一种信念，也是一种态度。只有担负起责任，才知道责任的艰巨；只有担负起责任，才能听清生命呼吸的声音；只有担负起责任，才能对得起自己的良知。一个人一旦养成对工作的忠诚和责任，即使面对逆境，也会鼓足勇气；面对诱惑，也会不为所动。苟利国家生死以，岂因祸福避趋之。这是志士仁人对履责的坚定信念。好汉做事好汉当，这是老百姓对担责最快意的回答。事不避难，勇于担当，这是劳动者对责任与担当的坚定态度。自古以来，人们都尊敬和推崇那些有责任与担当的人，不论是那些以天下为己任的伟人，还是在各行各业勤勤恳恳，像一颗颗永不生锈的螺丝钉一样，在平凡的岗位上，做出不平凡业绩的普通人。他们的共同点，就是把勇于担责作为实现自己人生价值的重要途径。

责任是社会赋予的使命，它伴随着社会的进步而进步，伴随着事业的发展而发展。勇于承担责任，才可能被赋予更大的责任。一个将军，责任不是让士兵喜欢，而是让士兵在战场上歼灭敌人后活着回家。一个部属，不是溜须拍马，而是拿出你的实际行动完成目标，不需要让领导天天催着你、哄着你。没有责任感，所有能力都是废话。

每个生命都负有来到这个世界的一份责任，这份责任需要一种强大的支撑，需要一种力量的维护。当你把婴儿向上抛时，他会大笑，因为他相信你会接住他。这是什么？这是责任！父母有养育儿女的责任，晚辈有孝敬长辈的责任，医生有救死扶伤的责任，站三尺讲台有教书育人的责任，经商开店有诚实守信的责任，头顶国徽有报效祖国的责任。我们的家庭需要责任，因为责任让家庭充满爱。我们的社会需要责任，因为责任能够让社会平安稳健地发展。我们的企业需要责任，因为责任让企业更有创造力和竞争力。

在当今社会，每个人都扮演着不同的角色，每种角色又都承担着不同的责任。从某种程度上说，如何扮演好自己的角色，关键是看你能否责无旁贷、竭尽全力。正是责任，让我们在困难时能够坚持，让我们在成功时保持冷静，让我们在绝望时懂得不弃不馁。因为，我们的不放弃，我们的不气馁，正是为了社会这盘大棋。

担当责任，需要热情。一个人，若是没有热情，他将一事无成，而热情的基点正是责任。一个人的工作做得好坏，重要的一点是看你责任心的大小，是否认真履责。强烈的责任心，可以激发你的个人潜质，焕发你的精神面貌，端正你的工作态度，进而决定你的工作业绩，提升你的收入水平，关乎你的荣誉和成长。每个人的责任都是和社会密不可分的。你有责任感，就会热爱工作，那么你的生活就充满快乐；假如你缺乏责任感，就会厌倦工作，那么你的生活就枯燥乏味。因此，要用十分的热情，百分之百的努力，担当起我们应有的责任。

无论做什么或怎样做，只要能认真地、勇敢地担负起责任，你所做的就是有价值的，就会获得尊重和敬意。有的责任担当起来很难，有的却很容易，无论难还是易，不在于工作的类别，而在于担当的人。担当是一种品格，也是一种素质。

思想家爱默生说过，责任具有至高无上的价值，它是种伟大的品格，在所有价值中它处于最高的位置。这个世界上所有的人都是相依为命的，所有人共同努力，郑重地担当起自己的责任，才会有生活的宁静和美好。任何一个人责任心的懈怠，都会给别人带来不便和麻烦，甚至是生命的威胁。

成功的人把坚守信念作为使命的强大动力，把岗位历练作为施展才华的舞台，把爱岗敬业作为人生的品德操守。

平庸的人只有一条命，叫性命；成功的人有两条命，除了性命，还有事业；卓越的人有三条命，除了性命与事业，还有使命。人为使命而工作，就会永远工作在激情之中。

工作中我们看到，那些做出了成绩获得升迁的人，并不是智商有多高，能力有多强，素质有多优秀，而在于他们有强烈的上进心。正是这种上进心，使他们产生了强烈的责任感和使命感，从而在工作中处处争先，勇于表现，敢于奋斗，最终脱颖而出，出人头地。

社会学家戴维斯说过，放弃了自己对社会的责任，就意味着放弃了自身在这个社会中更好生存的机会。放弃承担责任，或者蔑视自身的责任，这就等于，在可以自由通行的路上，自设路障，摔跤绊倒的也只能是自己。

没有做不好的工作，只有不负责任的人。事实上，只有勇于承担责任的人，才有可能被赋予更多的使命。一个不负责任的人，一个缺乏责任感的人，失去的是社会对自己的基本认可，失去的是别人对自己的信任与尊重，自然也就失去了安身立命的信誉与尊严。

学识渊博不是为了征服别人，而是为了看清自己的渺小；财富丰厚不是为了炫耀奢华，而是增加扬善的担当；地位显赫不是为了孤芳自赏，而是为了率众前行；力量强悍不是为了欺压弱小，而是为了自由呼吸。一个人有了能量，不是为了满足私欲，而是为了承担更多的使命。

责任是使命的核心。当你遇到瓶颈的时候，只要回头思考一下你的使命是什么，就可以很快地理清一切纷扰，这就是使命对人生巨大的影响力。使命是勇往直前的强心剂，是众志成城的集结号，是鼓舞人们走出阴霾的指南针。清醒地意识到自己的责任，并勇敢地扛起它，无论对于自己，还是对于社会，都将是问心无愧的。人可以不伟岸，也可以不富有，但不可以没有责任。扛起了责任，就扛起了信念，扛起了信念，就扛起了生命的价值。责任重于泰山，使命才是忘我的坚守。

荣誉是照在人头顶上的一个光环。如果一个人缺乏荣誉感，即使有千万种规章制度或要求，他也不可能焕发出激情，把自己的工作做好。

人要为了荣誉而战，但不能被荣誉所累。当你的荣誉感被虚荣心偷换概念以后，荣誉就会失去它应有的光彩。

以荣誉为起点，荣誉就会成为牵引力

荣誉是什么？荣誉是一种尊严，是照在人头上的一个光环。那么，荣誉重要吗？当然重要。我们既然为梦想而来，必须为荣誉而战。一个人，不为荣誉，哪有光彩？一个团队，不为荣誉，哪有士气？没有士气，何来战斗力？

军人视荣誉为生命，人人都有强烈的荣誉感。因此，任何有损于军人荣誉的言行，都是绝对不允许的。同样，如果一个人对所从事的事业有足够的荣誉感，并引以为荣，那么，他必定会焕发出无比的热情。反之，如果一个人缺乏荣誉感，即使有千万种规章制度或要求，他也不可能焕发出激情把自己的工作做好。他可能会对某些要求不理解，或认为是多余而觉得厌倦。

荣誉并非凭空强加给谁。2015年12月10日，女科学家屠呦呦，因成功研制青蒿素而荣获诺贝尔生理学或医学奖，这个荣誉实在来之不易。从她大学毕业，进入中医科学研究院，历经44年，经过上千次试验，终于研制出治疗疟疾的青蒿素，这给人类带来了福音。她和她的团队荣获殊荣，是经过艰苦劳动、付出辛勤汗水而得来的，这其中有太多的辛酸，不为人所知。然而，正是这些荣誉的获得者，一次又一次地创造出丰硕的劳动成果，促进了人类科技的进步与传播。只有踏踏实实地做人，兢兢业业地做事，默默做出贡献，你才有可能获得荣誉，才能赢得广泛的赞誉和尊敬。评判一个人的价值，不应该拿他取得什么来权衡，而应该以他奉献了什么、奉献了多少来考量，然后才有享誉的机会。

在荣誉面前，理智是一道闸门。在获得荣誉之后，有的心平气和，淡然处之；有的心存感激，再接再厉；有的把荣誉归零，重新起步；还有的觥筹交错，把荣誉当作炫耀的资本。然而，像屠呦呦这样的科学家，从沉默中来，到平静中去，为什么她能在平凡岗位上大有作为？她的回答是，一个科技工作者，是不该满足于现状的，要对党、对人民不断有新的贡献。

一个人获得了荣誉，仅仅是对过去功绩的评价，而不能说明和代替未来，为未来打包票。英国大发明家瓦特，20多岁时发明了蒸汽机而一举成名，获得大量财富，当上大老板。但他从此心满意足，以致一直活到83岁，也没有什么新的发明创造。被誉为“原子弹之父”的美国科学家奥本海默，在成功之后，热衷于接受各种名誉，指派秘书每天花上几小时，收集报刊上关于他的报道和照片，他的几个橱柜里装满了奖状和贺电。他被荣誉所陶醉，只吃老本，不思进取，不久便远离了科研，无所作为了。有人对美国43位诺贝尔奖金获得者得奖后的科研成果做了考察，发现只有13位科学家保持了获奖前同样水平的创造力，其余都有不同程度下降。获奖前5年，他们平均每人每年发表论文5至9篇，获奖后平均每人每年发表论文4篇。陶醉或满足于原有的荣誉，被荣誉模糊了双眼，绊住了双脚，背着荣誉的包袱，裹足不前。荣誉的光环本是灿烂耀眼，如果蒙上迷醉的灰尘，那么，荣耀的生活就会黯然失色。

荣誉只能说明过去，迟早会成为历史的陈迹。一旦得了荣誉，千万不要躺在功劳簿上沾沾自喜。在荣誉面前找差距，在赞扬声中看不足，把荣誉当起点，荣誉就会成为牵引力。假如有一天，因为你飞黄腾达了，媒体将你放在头版头条，千万不要让荣誉冲昏了头脑，迷失了方向，否则会陷入误区。

有这样一则小故事，很让人深思。著名科学家居里夫人曾两度获得诺贝尔奖，一生当中，获得过许多荣誉。她曾把英国皇家学会颁发的一枚象征极高荣誉的金质奖章，给自己的女儿当玩具玩。她的客人很吃惊，而居里夫人却说，荣誉就像玩具，只能玩玩而已，绝不能永远守着它，否则就将一事无成。这就是一个科学家的胸怀，这就是一个科学家的境界。有了这种平静淡然的心态，在科研的阵地上，她就像一个冲锋陷阵的战士，勇往直前，去攻克一个又一个科学堡垒。

人要为了荣誉而战，但不能被荣誉所累。当你的荣誉感被虚荣心偷换概念以后，荣誉就会失去它应有的光彩。以个人名利、得失为转移，把个人成名当作博取荣誉的目标，把履行社会义务看作获得个人荣誉的手段，把争取荣誉作为向上攀爬的阶梯，这都是虚荣心的逆袭。荣誉可以海纳百川，但不接纳逆流。

荣誉像一条清澈的溪流，从小到大，都在人们心海里涓涓流淌。小孩一进幼儿园，就沉浸在充满荣誉感的氛围中。你会背一首唐诗，老师就会奖你一颗小红星；谁背的唐诗多，就会得到更多的小红星。谁的儿歌唱得好，谁的舞跳得好，谁的碗里不剩饭，谁的小手洗干净，等等，老师都会奖她小红花。从小班到中班，从中班到大班，几年下来，谁的红花多，谁的红星多，老师都要给他发奖状，这就叫荣誉。从小学到初中，从初中到高中，这一路下来，各种奖状，各种奖章，各种荣誉，只要争取，都会伴你同行。可以说，崇高的荣誉感，就像种子一样，从小就播撒在心里。

人固然要有荣誉感，但绝不能被荣誉所迷惑。古往今来，世上有多少沽名钓誉之人落了个可悲的下场。人要有正确的荣誉观，正确看待荣誉，正确争取荣誉，避免错误思想蔓延。

对待荣誉，不仅要有平常心，还要有是非观念和大局意识。荣誉与尊严有关，国家的荣誉高于一切，国家的尊严高于一切。维护国家的荣誉和尊严，我们就能从中得到一份自豪。在国际上，有些别有用心的人，对我们说三道四，妄加非议，触犯了我们的尊严。对此，我们在大是大非面前，坚定立场，予以痛击，捍卫了国家的尊严与荣誉。

荣誉无处不在，荣誉面前人人平等。在社会发展中，方方面面，行行业业，只要做出贡献，成绩突出，都有机会得到褒奖，都会得到属于你的那份荣誉。工人很普通，但几十年如一日，爱岗敬业，搞发明搞创新，为国家做出不平凡的贡献，就有机会获得“劳动模范”称号。农民很普通，一辈子辛辛苦苦，图的就是粮食大丰收，让国家手里有粮，心中不慌。他们的尊严和荣誉就在给国家做出的奉献之中。战士很普通，摸爬滚打，站岗上哨，他们把尊严矗立在边防哨所，把荣誉谱写在祖国的蓝天。教师很普通，他们育人，把尊严带上三尺讲台；他们忘我，把荣誉交给春蚕和蜡烛。

荣誉应当成为我们的动力，激励我们不断前行。荣誉只是我们过去留下的闪光脚印，谁也不可能永远守着它。荣誉是暂时的，奉献才是永恒的。做好自己该做的事，不必对错失荣誉耿耿于怀，不必在乎一时一地得失。公道自在人心，问心无愧即可。

信仰就像桥上的栏杆，你过桥的时候，不一定会扶着栏杆，但是并不代表桥上就不需要护栏。信仰是一种精神寄托，在无助的时候给你力量，在成功的时候让你骄傲，在茫然的时候为你指明方向。

没有信仰，你就失去了精神的力量

哲学家萨特曾经说过：“世界上有两样东西是亘古不变的，一个是高悬在头顶上的日月星辰，一个是深藏在心底里的高贵信仰。”人活在世界上，坚定信念固然重要，但更重要的是要树立正确的信仰，要不然就会误入歧途，甚至陷入绝境。

每个人心中都有一种信仰让我们去成就自我。信仰是什么？有人形象地说，信仰就像桥上的栏杆，你过桥的时候，不一定会扶着栏杆，但是并不代表桥上就不需要护栏。因为，没有了护栏你就会心生恐惧。信仰淡薄的人就会左右摇摆，飘忽不定，稍不留意，就会在人生的渡桥和关口上，左碰右撞，脱离支点，跌入谷底。

不懈的追求可以化作无穷的精神力量，信仰就是一种崇高的追求。方志敏说：“我的一切，直到我的生命都交给党去了。敌人只能砍下我们的头颅，但决不能动摇我们的信仰。因为我们信仰的主义，乃是宇宙的真理。为着共产主义牺牲，为着苏维埃流血，那是我们十分情愿的。”当我们吟诵着方志敏的不朽诗篇，无不为这位伟大的共产主义战士对党和革命事业的赤胆忠心而肃然起敬。方志敏说：“清贫、洁白朴素的生活，正是我们革命者能够战胜许多困难的地方。”在狱中，面对敌人的严刑和诱降，他正义凛然、坚贞不屈，最后英勇就义，时年36岁。他把马克思主义普遍真理与赣东北实际相结合，创造了一整套建党、建军和建立红色政权的经验，创建了赣东北苏区，领导组建了中国工农红军第十军。毛泽东高度称赞他创建了“方志敏式”的根据地。他是践行革命信仰的一面旗帜。

大家熟知的县委书记的榜样焦裕禄，也是一面践行革命信仰的旗帜。在社会主义农村建设中，他说：“不改变兰考面貌，我决不离开那里。”虽然他离开我们已半个世纪了，但他猝然远去的瘦弱身影，并没有被岁月阻隔，这位人民公仆，一次次地激起我们心中敬仰的波澜，多少回，他风尘仆仆、坚定有力地向我们扑面走来。一名普通的党员干部，用他短短的42个春秋，谱写了生命的精彩轨迹。甘于平凡，甘于奉献，做忠诚职守的好干部，情倾群众的好干部，这就是焦裕禄的信仰。他对不起父母、孩子，也对不起身后的妻子，但正是这种对不起，更映衬了焦裕禄的党性和他矢志不移的信仰。忠诚和平凡中蕴含着伟大，蕴含了一位普通的基层干部对群众的赤子之情和那份忠诚的信仰。

在中国共产党90多年的奋斗史上，无数优秀共产党人，一辈子选择为党分忧、为国奉献、为民服务，根本在于信仰的力量。血肉之躯谁会不怕疼？凡夫俗子谁能不怕死？正是这种崇高的信仰，造就了渣滓洞的英烈和狼牙山的勇士，锤炼了新时期的雷锋精神和无数英雄模范。

信仰不是迷信，迷信不是信仰。请不要愚昧地把这两件事混为一谈。信仰是一种精神寄托，在无助的时候给你力量，在成功的时候让你骄傲，在茫然的时候为你指明方向，在挫败的时候让你坚强的一种思想方式，一种精神寄托。

人为什么要有信仰？信仰是开在墙角的一朵花，虽不显眼，但弥漫的芳香却能沁人心脾；信仰是行驶在海洋上的一挂帆，虽然渺小，却能乘长风破万里浪；信仰是燃烧在黑暗中的一根蜡烛，虽然微弱，却能驱散夜的阴霾。

有了信仰就有了人生价值观，就会因为自己的信仰而相信自己。信仰恒定的人，意志坚定，言行一致，目标明确，表里如一，心平气和。这些人为了一个目标可以数十年如一日，不知疲倦，不达目的永不停息。他们处事迅速果断，善始善终，不会让人有无所适从的感觉。这样的人做事光明正大，目光坚定，敢作敢当，睡觉踏实，灵魂安宁。他们有“苟利国家生死以，岂因祸福避趋之”的勇气，有“舍生取义，杀身成仁”的豪气，有“生当作做人杰，死亦为鬼雄”的骨气，令人敬服。人的生命只有一次，还有什么比生死抉择更大的考验？为什么先烈们能够视死如归，义无反顾？因为他们是顶天立地的人，信仰就是引领他们前进的天，人民就是支撑他们奋斗的地。在世界上，还有什么比顶天立地的人更有力量呢？

而如今，一些人彻底沦为金钱的奴隶，钱与权力成了地位的象征，人越发失去了理智和清醒。各种拜金主义横行，人们不再相信爱心、友爱和道德，更多的是对钱与权力的追捧。一个人只有在清醒的时候，才能平和而又善良地对待周围的一切，才能有发明创造，才能维系文明的薪火相传。而有了信仰，人就会有敬畏之心，就会有道德的约束，而这些都会让人保持清醒的头脑，不至于在享受生活的高兴之余恶念丛生，不至于饱暖思淫欲。人一旦有了高尚的信仰，浮躁的心灵就有了熨帖，繁忙的工作就有了目标，人生的奋斗就有了意义。

在多元多样多变的今天，利益至上成为一些人的生存哲学，物质欲望正在侵蚀着信仰的根基。

高尚的信仰，是净化灵魂的甘露，是战无不胜的力量，无论是在战火纷飞的混乱年代，还是在莺歌燕舞的太平时期，信仰是人们心灵的锚，是思想的根，只有坚定信仰的人，才可能在这纷纷扰扰、起起浮浮的人生大河中，不随波逐流，找到自己的航向，望见远方那一抹彩虹。

人有信仰，就有追求。信仰是人的精神支柱，没有信仰的人心灵肯定是空虚脆弱的，就像缺了钢筋的混凝土。有信仰的人在成功时会想到感谢谁，报答谁；在失败时会想到该求助谁。而无信仰的人在成功时会高傲自大，崇尚自己；在失败时往往怨天尤人，灰心丧气。

信仰的坚守是一个思想过程，也是一个实践过程。坚定信仰信念，不是喊几句口号、搞几次教育就能奏效的。信仰之花，需要用一言一行去浇灌，需要用一举一动去践行。选择信仰很难，坚守信仰更艰难。社会主义新农村建设的典型、全国党员先进性教育“时代先锋”六个典型之一、河南省武陟县西滑村老支书常说：“老百姓没富，我就永远是穷人；老百姓不住进楼房里面，我永远住平房。”农村所有的脏活、累活、苦活，他都干在最前面，把享受都留给乡亲们。他坚信社会主义，坚持走集体致富的道路，把对共产主义信仰化作到了无穷无尽地为乡亲们服务当中。村里的乡亲们都住进了高楼，医疗免费、看病不出村，小学到高中义务教育不花钱。他常说：“我是党的人，我只有带领大家致富的权利，没有跟老百姓争利的资格，只有等乡亲们都富起来，我再富也不迟。”对自己，他不拿全村最高的工资，不住全村最好的房子，不得全村最高的奖金。对家人，他要求一不搞特殊化，二不占集体便宜，三不收礼送礼。乡亲们说，我们的老支书生不贪、死不占，全村就亏了他一个。

在坚守信仰的路上，铺满了荆棘，更有可能付出鲜血和生命的代价。一个信仰坚定的共产主义领导干部，必定能够两袖清风、一尘不染；一个坚定中国特色社会主义道路的领导干部，必定能够在实现中国梦的征途上摇旗呐喊、奋勇争先。

一个民族有一些仰望星空的人，才有希望，一个民族只是关心脚下的事情，注定没有未来。历史的镜鉴，就是对现实和未来的启迪。从“东亚病夫”到东方巨龙，从百年沉沦到百年复兴，从历经苦难到凤凰涅槃，中国共产党人到底是靠什么克难攻坚，最终带领中华民族完成了中国历史上最富史诗意义的壮举，从苦难走向辉煌？答案就在于“革命理想高于天”的信仰。这种信仰以及由此衍生的伟大精神和优良作风，是震古烁今的人间正道，是无往不胜的精神密码。

没有信仰，何以存在？有信仰，青春才不会无处安放；有信仰，人生才不会随波逐流；有信仰，理想才不会被迷茫驱散。多品尝信仰的滋味，多感受信仰的力量，多沐浴信仰的光华，多点燃信仰的火花，我们就会明白出发的意义、目标的深义，就能步伐坚定，永远向前。

青春是人生最美好的时光，梦想是生命中最耀眼的阳光，为了梦想而奋斗的青春才是最美好的风景。
梦想与现实只有一线之差，青春与衰老只是一步之遥，风华正茂的我们难道不该把握住青春，让梦想飞越，让梦想与青春擦出火花吗？

我的青春，我的梦

青春是朝阳里刚刚盛开的花朵，又像天空中展翅翱翔的雄鹰，是人生最为亮丽的风景线。梦想是生命的动力，它为诗人唤起灵感，为科学家创造奇迹，为运动员增强斗志。青春是船，梦想是帆，搭乘青春之船，扬起梦想之帆，就能驶向理想的彼岸。

青春，激扬而富有生命，它是渴望燃烧的激情；青春不仅是一声声的赞美，更是拥有使命并为之奋斗不息的源泉。青春的路上，我们有太多的梦想。你的青春付出了多少，就能够收获多少梦想。

青春是人生最美好的时光，梦想是生命中最耀眼的阳光，为了梦想而奋斗的青春才是最美好的风景。喷泉看起来激情四射，其实是内在能量的源源不断，是对最高理想的全力奔涌。你的激情稍有松懈，梦想稍有萎缩，青春的喷泉就不会足够豪迈、足够壮观。

青春的时光承载着生命之树的热情与奔放，每一颗年轻的心都怀揣着飘逸的梦想，天真的向往与追求。青春，需要用尽努力的奋斗与拼搏。尽管一次次地荆棘满路，任凭岁月风霜无情地抚平我们身上的棱角，我们也从桀骜不驯的少年，一步步地成长。时间在改变，世事在改变，但永远无法改变的是对梦想的执着追求，以及心中那无法抑制涌动的生命之火。

拥有梦想的青春是简单快乐的，拥有梦想的青春是奋发向前的，拥有梦想的青春是无所畏惧的，拥有梦想的青春是所向无敌的。梦想与现实只有一线之差，青春与衰老只是生活的一种心态。一夜爆红的80岁老人王德顺，一场T台走秀，让很多人认识了他，被网友称他为“最帅大爷”。他曾在60

岁生日的时候写道：“我并不盼望你的到来，你象征着我的成熟，也预告了我的衰老，好在我并不服老。”青春的活力，不是年轻人的专属；年龄的增长，也只是数字的递增。只有来自心灵的疲惫，才会带来无可挽回的衰老。风华正茂的我们难道不该把握住青春，让梦想飞越，让梦想与现实擦出火花吗？

我们生活在这个最好的时代。我和所有的年轻人一样，是这个时代敢想敢干的追梦者。面对命运，我们无须抱怨，面对时代，我们应充满感激。有时，我们觉得梦想很远，像天边的流星，难以触摸；有时觉得梦想很近，像面前的茶杯，伸手可以把握；有时觉得梦想已经实现，无须苦苦求索；有时觉得梦想多变，永远无法实现。其实，梦想就是你的愿恋，只要你还喜欢，就永远在追梦的路上。

刘邦在40岁的时候连兵马都没有，最后建立起大汉王朝；刘备在52岁的时候，仰头问苍天：我到底什么时候才能成功啊？最后与曹操、孙权三分天下；成吉思汗在40岁的时候被安达背叛，兵败如山倒，逃到小溪边，最后带领千军万马踏遍欧亚大陆。只要你不抛弃你的梦想，你的梦想永远不会抛弃你。无论有多辛苦，只要你坚信，你将有撼动世界的能力。

海阔凭鱼跃，天高任鸟飞。人生路上，只有奋斗才能给你安全感。不要轻易把梦想寄托在某个人身上，也不要太在乎身旁的闲言碎语，因为未来是你自己的。正是青春的激情，鼓舞着我们的斗志；正是青春的芬芳，陶醉着我们的心灵；正是青春的奋斗，成就着远大的理想。昨天的理想，就是今天的希望；今天的理想，就是明天的现实。只要你每天比别人多奋斗一点，只要你每天坚持下去，相信在不久的将来，你一定会脱颖而出。

只要肯付出努力，洒下汗水，每一个岗位都能做出一番成绩。就像军人是平凡的，军人的职业是特殊的，然而平凡却孕育着伟大。把军队看作一部机器，那么每一个岗位都是一个螺丝钉，不让螺丝钉松动，就要兢兢业业，毫不松懈地做好自己的本职工作，才能让机器不停地向前运转。虽然，我们的成绩不能跟英雄做比较，不能跟明星做比较，但能在将老的那一瞬间，无愧地对自己说：我爱过，我活过。那么，还会为逝去的青春而后悔吗？

青年时期，是长身体、长知识的时期，同时也是逐步形成世界观和人生观的时期。在这一时期追求什么、向往什么，往往决定或者影响着人的一生。那些主张“游戏人生”的人，注定要被人生所嘲弄；那些信奉“享乐人生”的人，得到的只是一生的虚度；那些追求“潇洒人生”的人，留下的常常是人生的遗憾。而只有像雷锋、高建成、李向群那样，努力实践奉献的人，才能有充实人生，留下闪光的人生足迹。军人是勇敢者的事业，特殊的职业和神圣的使命，要求青年官兵在人生目标的确立上更应该坚持高尚的追求。

在军营的日子里，虽然过得很清苦，但又有什么可遗憾的呢？人生最美丽的是活着的过程，而不在于结果。能够为心中的目标奋斗过、拼搏过，那么就不必在意最后的结局，这奋斗的本身就是一道最美的风景。甘于平凡而不平庸，在平凡的岗位上，尽心尽责，恪尽职守，为部队建设奉献自己的才智，这就是作为一名军人的最好选择。

当有一天，我们脱下军装，走向另一个生活时，能对自己说：我无愧，因为我的青春已经无私奉献给了军营；我无悔，因为我的青春已经燃烧。到那时，我们就不必再问自己的青春有没有价值，也不必再问自己的生活是黯淡无光还是缤纷灿烂。让汗水为我们见证，让军徽折射的光芒为我们见证，我们的青春不后悔。

有一位哲人说过："梦里走了许多路，醒来还是在床上。"它形象地告诉我们，人不能躺在梦幻式的理想中生活。"与其临渊羡鱼，不如退而结网""千里之行，始于足下"，都在告诫我们切莫空想，要从点滴开始做起，把青春的梦想真正付诸实际行动。

当然，实现理想的路上难免有些坎坷崎岖，我们需要有不畏艰难、锲而不舍的精神。人一生最大的失败不是跌倒，而是从来没有去实现自己梦想的勇气。面对挫折，我们不能望而生畏，就此却步，要拿出克服困难的勇气，不懈地去努力拼搏。因为，青春正在赋予着我们激情和力量，我们没有任何理由有丝毫的懈怠，我们要在不断追求与奋斗中挥洒青春的色彩，让青春激情飞扬。

青春的底色永远是奋斗。青春可逝不可留，把握青春的大好时光，用自己飞扬的青春去追求涌动的梦。要知道，春天的道路依然充满泥泞，没有哪一代人的青春是容易的。记住，青春就仿佛一块毫无瑕疵的黑板，看你如何努力去描绘。如果你有梦想并努力拼搏，你的画板必将缤纷夺目；如果你碌碌无为，你的画板也只能是单调的黑与白。只有在年轻的时候奋斗过、拼搏过、奉献过，书写过人生的精彩、攀登过人生的高峰，我们才能在以后回忆的时候，自信地道一句："青春无悔"。

不要说，你没有梦想。因为年轻的我们拥有最灿烂的年华，拥有最披荆斩棘的武器，所以，你凭什么浪费青春？你又有什么理由放弃梦想？

有些人不是没有梦想，恰好相反，他们有着伟大的梦想，但是却一直躲在自己编织的世界里面，逃避现实而踟蹰不前。他们畏惧着未来路上的坎坷，任凭梦想在时间的掩盖下被腐蚀殆尽。他们需要努力找到自己的心之所向，提升自身各方面素养，坚定不移地走下去，承担起对家庭、社会的责任，做一个有担当的人，从自己做起，从现在做起。所以，是时候走出象牙塔为自己拼一回，是时候为青春负责，是时候为自己的明天而奋斗了。

自胜者强，自强者胜。在极速发展的社会中，在事过境迁的现实里，青春是我们拼搏的资历；在忙碌无常的生活中，在钢筋水泥的建筑物里，梦想是我们奋斗的动力。选择了吃苦，就选择了奉献；选择了奉献，就选择了高尚。也许你正挣扎于人生的得失，也许你正徘徊于痛苦的边缘，也许你曾经苦苦等待，也许你曾经失败，但请记住，其实这一切都不重要，重要的是我们还拥有青春，我们还拥有梦想。

青年最大的资本不是经验丰富、胸有成竹，而是敢于做梦、勇于试错。因一时挫折而灰心丧志，因身处逆境而放弃前行，甚至让享受和偷安在我们内心扎根，那青春何为青春。

人生之路不可能一帆风顺，纵然前行之路荆棘密布，只要有那么一股到中流击水的劲头，无论道路有多险、风浪多大，都是对自己的超越。而那些以梦为马、激情奋斗的日子，将永远成为人生的财富。

梦在前方，路在脚下。捍卫梦想的不是别人而是自己，导航再好，也只能给一个方向，代替不了驾驶；导师再好，也只能给你引领，功课和学习代替不了你自己；平台再好，也只能给一个机会，你不好好利用，再优秀的平台也是白白浪费。对于青年人自己来说，最需要的是坚定理想和信念。坚守做人的重要底线和基本原则，坚定信念，勇于担当，做这个时代最有力的追梦人。我们绝不能容忍青春在我们手中白白流逝，我们绝不能在叹息声中颓废了青春。

青春不是任性和冲动，而是敢于追梦的勇气和对生活的热爱。也许，青春的我们会迷茫，但梦想一如既往；也许，梦想最后不会成真，但青春的心无怨无悔。青春最要紧的精神，是要与命运搏斗。不甘平庸、锐意进取，是青春的通行证；消极懈怠、安逸享乐，只会辜负美好韶华。正如习近平总书记所言："中国梦是历史的、现实的，也是未来的；是我们这一代的，更是青年一代的。中华民族伟大复兴的中国梦终将在一代代青年的接力奋斗中变为现实。"让青春的我们背上行囊，让梦想为我们导航，让我们带着梦想踏上人生的征途。让我们的青春一路高歌，让青春与梦想齐飞。

后　记

让青春燃烧　为梦想奋斗

《不奋斗，还要青春干什么》面世之际，我心里思绪万千，感慨颇多。从军30多年来，我的奋斗历程，就像话剧般一幕幕在我眼前掠过。

1986年，我怀着青春梦想，从湖北老家入伍，来到武警广东省总队服役。从战士、班长到提干，从广州、江门到汕头，再到总队机关，见证了部队的发展变化，经历了艰难险重任务的考验洗礼，也深深感受到了战友们的深厚情谊。一路走来，遇到过困难、挫折和迷茫，更收获了自信、坚强和感动。但无论在什么阶段、哪个岗位，不管是顺境还是逆境，我都始终坚持自己的信仰、理想和追求，不敢有丝毫犹豫、懈怠和停滞，并执着地为之奋斗。这些年，我养成了读书学习的习惯，看到一些启迪心智的箴言妙语和励志故事，我都会及时摘抄下来，并结合自己的所学所思和切身经历，将青春与奋斗的感悟记录下来。通过学习借鉴和融会贯通，自己的理性思维层次得到了提升，心态更加平和通达，处世更加从容淡定。每当遇到困惑时，翻出来看看，总能得到有益的启发和激励。在家人和战友们的劝说和支持下，我将自己近年来撰写的文稿，梳理成章，呈现于世，旨在抛砖引玉。

两年来，在工作之余，我集中精力，冥思苦索，反复推敲。其间，也专门请教过多位领导和专家学者，本意是为丰富内涵、拓展深度。但终因个人水平有限，难免有浅显、粗疏和不妥之处，掩卷之时仍不免惶然。恳请各位领导、战友和读者朋友们批评指正。

好儿女志在四方，有志者奋斗无悔。最后，我想引用习近平总书记的一段话与读者共勉：只有进行了激情奋斗的青春，只有进行了顽强拼搏的青春，只有为人民作出了奉献的青春，才会留下充实、温暖、持久、无悔的青春回忆。

魏文涛

2017年4月13日